Snow White
and
the Seven Dwarfs

Retold by
Xanthe Smith Serafin

Level 2
(1300-word)

IBC パブリッシング

はじめに

　ラダーシリーズは、「はしご（ladder）」を使って一歩一歩上を目指すように、学習者の実力に合わせ、無理なくステップアップできるよう開発された英文リーダーのシリーズです。

　リーディング力をつけるためには、繰り返したくさん読むこと、いわゆる「多読」がもっとも効果的な学習法であると言われています。多読では、「1. 速く　2. 訳さず英語のまま　3. なるべく辞書を使わず」に読むことが大切です。スピードを計るなど、速く読むよう心がけましょう（たとえば TOEIC® テストの音声スピードはおよそ1分間に150語です）。そして1語ずつ訳すのではなく、英語を英語のまま理解するくせをつけるようにします。こうして読み続けるうちに語感がついてきて、だんだんと英語が理解できるようになるのです。まずは、ラダーシリーズの中からあなたのレベルに合った本を選び、少しずつ英文に慣れ親しんでください。たくさんの本を手にとるうちに、英文書がすらすら読めるようになってくるはずです。

《本シリーズの特徴》
- 中学校レベルから中級者レベルまで5段階に分かれています。自分に合ったレベルからスタートしてください。
- クラシックから現代文学、ノンフィクション、ビジネスと幅広いジャンルを扱っています。あなたの興味に合わせてタイトルを選べます。
- 巻末のワードリストで、いつでもどこでも単語の意味を確認できます。レベル1、2では、文中の全ての単語が、レベル3以上は中学校レベル外の単語が掲載されています。
- カバーにヘッドホーンマークのついているタイトルは、オーディオ・サポートがあります。ウェブから購入／ダウンロードし、リスニング教材としても併用できます。

《使用語彙について》
レベル1：中学校で学習する単語約1000語

レベル2：レベル1の単語＋使用頻度の高い単語約300語

レベル3：レベル1の単語＋使用頻度の高い単語約600語

レベル4：レベル1の単語＋使用頻度の高い単語約1000語

レベル5：語彙制限なし

Snow White and the Seven Dwarfs

読みはじめる前に

本書で使われている用語です。わからない語は巻末のワードリストで確認しましょう。

- [ ] bite
- [ ] comb
- [ ] disguise
- [ ] dollhouse
- [ ] lumpy
- [ ] needlepoint
- [ ] poison
- [ ] prick
- [ ] rag
- [ ] ruin
- [ ] scene
- [ ] stepmother
- [ ] thread
- [ ] throne
- [ ] wicked

登場人物・用語解説

Snow White 白雪姫　美しく心優しい姫。雪のように白い肌に、赤い唇と美しい黒髪をもつ。

young queen 若いお后　白雪姫の母親。姫を産んだ後、病気で死んでしまう。

new queen 新しいお后　若いお后の死後、新たにお后として迎えられる。自らを "O Lovely Queen"（美しいお后様）と呼ばせ、その美しさに絶対の自信を持っていたが……。

hunter 狩人　国王に仕える狩人。新しいお后に白雪姫を殺すよう命じられる。

seven dwarfs 七人の小人　森の中の小さな家に暮らす親切な小人たち。仕事はダイヤモンドを掘ること。

prince 王子　隣国のハンサムな王子。

magic mirror 魔法の鏡　言葉を話すことができる、新しいお后の秘密の鏡。決して嘘をつかない。

> "Magic mirror on my wall
> Who's the fairest one of all?"
>
> 「魔法の鏡よ、世界で一番美しいのは誰？」
>
> 新しいお后が魔法の鏡に向かって
> 唱える言葉。

In early winter a long time ago, a beautiful queen sat by her window. Although she was young and healthy, this queen did not have any children. It made her sad. She really wanted to have a daughter to spend her time with. But with no children at all, the queen had a lot of free time. She passed the time doing needlepoint. Each day she worked from morning to night. While she dreamed of being a mother, in fact she became a great artist.

This day brought the first snow of the season. Outside the castle all was white in the forest. The young queen was starting a new project. It was a winter scene of a happy family playing in the snow. The queen threaded her needle. She held a white cloth in a black wooden ring. She was ready to begin. When she looked up to watch the snow, she pricked her finger with the needle. Three little drops of blood fell to the cloth. "Too bad," the queen thought when she looked back down. Her work was ruined before she could even begin.

But the queen liked the colors that she saw there: red, white and black. They gave her an idea. "I wish I could have a baby girl," she said to herself. "She'd have lips as red as blood, skin as white as snow and hair as black as this fine wood. I'd name her Snow White. She would be the prettiest little girl in all the land."

The next summer, the queen's wish came true. The king and queen had a beautiful baby daughter with red lips, fair skin, bright eyes and thick black hair. They called her Snow White. Everyone in the land was happy to see

the new princess. But the happiness did not last long. Soon after Snow White was born, the queen became ill and died.

Now everyone felt terribly sorry for baby Snow White because she had no mother. So the king found a new woman to become his wife. Like Snow White's real mother, this woman was also very beautiful. But she was neither very young nor very kind. All her life people told her what a beautiful princess she was. She believed that she was the most beautiful woman in the world. The king agreed. He married her, and the new queen became Snow White's stepmother.

The new queen moved into the castle. She told everyone to call her "O Lovely Queen." She brought with her a large mirror. She hung this mirror on the wall of her private sitting room. Each day she stood in front of the mirror. It was a magic mirror, because it could talk. The queen always asked it the same question:

> *"Magic mirror on my wall*
> *Who's the fairest one of all?"*

And every day the mirror answered the question in the same way:

> *"O Lovely Queen, upon your throne*
> *The greatest beauty is your own."*

The mirror's words made the queen very happy. She knew that she was the prettiest of all, because a mirror never lies. But even the most beautiful woman in the world is afraid of losing her looks. The queen knew it was only a matter of time.

As the years passed, Snow White grew into a

beautiful little girl. She was a happy, healthy child with long black hair. By her seventh birthday, the princess was so pretty and sweet. Everyone in the kingdom loved her. She spent her time making artwork or playing in the garden. She had many friends, and never said a cross word.

At the same time, the queen grew older. Her looks were beginning to go. Now she had a few grey hairs. There were little lines around her mouth, and little bags under her eyes. The queen began to feel angry at younger women. Her heart went cold when she saw them. She decided to let only older women work at the castle. She sent all the young servant girls away to other kingdoms. After that, the only young girl left in the castle was Snow White. The queen did not like to see her at all, but she could not send the princess away.

That summer the king had to visit the neighboring kingdom. He set off one morning. He would not be back for seven weeks. That afternoon, the queen stood before the mirror in her private room. She asked her daily question:

> *"Magic mirror on my wall*
> *Who's the fairest one of all?"*

This time, however, the answer was different from on all the other days:

"O Lovely Queen, your beauty is still there
Yet to young Snow White, you cannot compare."

The mirror's words came as a terrible shock. The queen sank to her knees. Her heart went colder than ever before. She felt like she could not breathe. She tore at her hair in anger. "Snow White!" cried the queen. "I knew this day would come! But not so soon! What shall I do?"

After that, the queen could not look at Snow White without wanting to kill her. The queen locked herself in her room so that she would not have to see the princess. But even without seeing her, the queen knew that Snow White was the most beautiful. This knowledge made the queen go mad. She stopped eating. She could not sleep. Day and night she thought about Snow White. How could she make her stepdaughter less beautiful?

First, the queen ordered the cook to take a large pair of scissors and cut off Snow White's long black hair. Then the washerwoman took away Snow White's pretty dresses, and gave her only rags to wear. Snow White could no longer do art or play outside. She must work in the kitchen from morning to night. Snow

White was not allowed to take a bath. She could eat only bread and water. She was to be given no meat, fruit or vegetables. These were the queen's orders. The queen thought she could destroy Snow White's looks by taking away her health.

So the princess now spent her days in the kitchen. She helped the old servant ladies. They were busy cooking and cleaning. Soon Snow White learned how to keep house. She found that she liked the work. Although she did not get to take a bath, the kitchen ladies took pity on her and gave her plenty of food to eat. She no longer went upstairs to the fine castle rooms. She did not want to see the queen.

One day a few weeks later, the queen looked out her window and saw Snow White doing the wash in the yard. The girl looked tired and thin. Her short hair stood out all over her head like a young boy's. Her face was black with dirt. The queen thought that Snow White's beauty was starting to go. Quickly she ran to her mirror. She asked:

> *"Magic mirror on my wall*
> *Who's the fairest one of all?"*

But the mirror answered:

"O Lovely Queen, your beauty is quite rare
But young Snow White is still much more fair."

At this the queen could no longer control herself. She decided to stop Snow White once and for all. Snow White must die, princess or not. The queen called for the royal hunter. "Take Snow White far away into the woods and kill her!" she ordered. The queen shook with anger when she spoke. The hunter bent down on one knee and bowed his head low before the queen. "Yes, O Lovely Queen. I will kill the princess for you," he promised. He knew that he must do what she asked, or she would kill him too.

To be sure that the hunter followed her orders, the queen gave him a special wooden box. "After you have killed Snow White, bring her heart back to me in this box," said the queen. The hunter took the box. He did not want to kill the princess, but what else could he do? Then he thought of a plan.

The next day, the hunter found Snow White in the kitchen. She was wearing her old rags. "Today we are going on a trip to visit the neighboring kingdom," he told her. "You must look nice. Dress in your good clothes."

So Snow White took a bath and put on a pretty purple dress.

The queen watched from the window. The hunter took Snow White up on his tall, white horse. The two of them rode away into the forest. The queen smiled a terrible smile. Then she sat down next to her magic mirror to wait for the end of Snow White's short life.

On the ride, Snow White felt happy. She liked wearing her pretty princess clothes again. Although her hair was short, it was combed down neatly and tied with a nice white ribbon. Snow White looked more beautiful than ever. She sang a little song while they rode slowly through the woods. Her voice was as sweet as a birdsong. Along the way there were meadows in the forest filled with brightly colored flowers. When they were deep in the forest, the hunter and the princess stopped for lunch. The royal child ran around, jumping and laughing.

The hunter watched the young princess with a heavy heart. "Thank you for taking me out today," Snow White said to him. The hunter said nothing. He looked sad. Snow White picked some flowers and gave them to him. Still he did not smile. "What's wrong?" she asked. The hunter knew that he could not kill the girl. But he must not take her back to the castle with him either. At last he spoke. "Dear princess, you should know the truth. The queen is mad. She wants you dead. She told me to kill you today, and bring back your heart in this box. But I will not hurt you." With these words, he took the box from his bag. Holding it in both hands, he stepped toward the princess.

Snow White was terribly afraid. "Please sir,

do not take my life," she said. "I have an idea. I will run far away. I will live in the forest and never come back!" "Fine, then run away, dear princess," said the kind hunter. "You must never return to the castle. I will answer to your terrible stepmother." And so the hunter left Snow White alone in the forest. "Poor child," he said to himself sadly. "She will be eaten by wild animals."

Next, the hunter killed a wild pig. He shot it with an arrow from his crossbow. He cut out the pig's heart and put it in the queen's box. Then he took the box back to the queen. The woman thought it was Snow White's heart in the box. She cooked it and ate it for dinner with salt and pepper that night. She was so happy to know that Snow White was dead. She did not dream it was a pig's heart that she ate instead. The hunter saw that the queen was clearly mad, so he set off to find Snow White's father in the neighboring kingdom. They had to stop the mad queen!

Back in the woods, Snow White felt terrible. She knew she was really alone now. She had to run away. She wanted to get as far away as possible. She had to start a new life, or die alone in the woods. But where should she go? What should she do? Who would help her?

She started to run. She went slowly at first. But as she ran, she thought that the trees grew hands. They reached out and grabbed at her clothes. Snow White was afraid. She hurried on faster. Soon she was running as fast as she could. She climbed over seven high hills and passed through seven deep valleys.

Snow White ran until she could run no more. She was so tired that she had to stop.

She dropped to the ground and began to cry. Tears fell from her eyes, but she kept them open wide. It was getting dark, and she had never spent the night alone in the forest before. Then she saw a light through the trees ahead of her. There, in a clearing, was a cute little house.

"How funny!" cried Snow White. "It looks just like a dollhouse. Maybe I could rest there for a while."

She dried her tears and went up to the little house. She saw that the door was open. It looked like there was no one home. Snow White felt no danger, so she went inside and looked around. She could not wait for the owner of the house to come back.

To her amazement, Snow White found that the cottage really was like a big dollhouse. Everything was very pretty, but only half the usual size. In the middle of the room there was a low table with a white tablecloth. The table was set with seven little white dishes, and seven little forks, knives and spoons. There were seven little pieces of apple pie and seven little white cups filled with milk. Snow White was so hungry. So she took a small bite from each of the pieces of pie. Apple pie was her favorite. Then she drank a little from each of the seven cups of milk. Nothing ever tasted so delicious.

Across the room there were seven little beds all in a row. The beds were nicely made up with seven snowy white blankets and seven soft pillows. Snow White was so tired that she wanted to rest. She lied down on one of the little beds, but it did not suit her. The first bed was too hard. She tried another one. The next one was too soft. One was too short, and another too lumpy. She tried all the beds. Finally, Snow White found that the seventh bed was just right for her. Soon she was in a deep sleep. All was quiet. Snow White slept too deeply to hear the sound of singing. It came nearer and nearer to the house. Suddenly the front door opened, and seven little men came marching in from the woods. They were seven dwarfs who worked all day digging for diamonds in the mountains. They lit their seven little lights and then stopped still. They looked around the room in surprise. Something was different about the house.

"A stranger was here," said the first dwarf.

The second one said, "Who sat in my chair?"

The third said, "Who ate from my dish?"

The fourth one said, "Who used my fork?"

The fifth one said, "Who cut with my knife?"

The sixth one said, "Who ate my apple pie?"

The seventh one said, "Who drank from my cup?"

The first dwarf then looked at his bed. Its white blanket was turned down. "Someone was lying on my bed!" he cried. All the others came running to look. "Someone was on our beds, too!" they cried. But when the seventh dwarf looked at his bed, he saw Snow White sleeping there. "Well, someone was sleeping in my bed, too. And she is still here!" "Who is it?" asked the first dwarf, and they all came to look.

"What a beautiful girl!"
"Where did she come from?"
"She must be very tired."

The seven dwarfs agreed to let her sleep. So they ate the rest of their pie and drank their milk. Then they went to bed quietly, so as not to wake Snow White up. The seventh dwarf spent the night with his brothers. He shared a bed with each of the others for an hour at a time, until the night was over. In the morning the sun came in the window. The dwarfs were awake and they stood around Snow White's bed again. She was too beautiful for words.

Finally Snow White woke up from her nice long rest. She opened her eyes and saw seven little men looking at her. At first she was afraid, but not for long. Soon she saw that they were friendly. This made her feel better. She sat up in bed and smiled. Now Snow White looked even prettier than when she slept. Her eyes sparkled like snow bright with the sunshine of her smile. "What is your name, fair child?" one of the dwarfs asked. "My name is Snow White," she replied. "What are you doing here?" another dwarf asked her.

Snow White told them her story. She explained how the queen tried to kill her, and how the hunter let her go. Then she told about running through the woods and over the hills until she found the little house. The seven little men listened to her story from beginning to end without speaking. From time to time they just nodded their heads to one another. They looked worried. Then, one by one, each dwarf offered his advice.

The first dwarf said, "The jealous queen is very wicked and very powerful."

The next said, "You are lucky to have escaped so far."

The third dwarf said, "Still, you are not out of danger yet."

The fourth little man said, "Please stay here and keep house for us."

The fifth one smiled at the idea of having Snow White stay with them. "With your help cooking and cleaning, we will be able to work more," he said.

The sixth dwarf pushed up his tiny eyeglasses and promised, "We will take care of you and protect you."

And the seventh little man said to her, "No one should hurt you, because you're so pretty."

Snow White blushed and thanked the dwarfs. She agreed to cook and clean for them. She got to work right away. That morning she cooked breakfast and they ate together. Snow White then said goodbye to the dwarfs before they left for their work in the mountains. They made Snow White promise to stay inside the house.

"The queen is a witch," one dwarf said.

"She may be able to find you here," said another. "So don't let anyone in."

So Snow White spent the day indoors. She sewed and washed the dwarfs' little clothes.

She cooked their dinner. She was happy at her work, and she felt safe.

Back at the castle, after eating what she thought was Snow White's heart, the queen threw a party. She had spent the night celebrating the fact that once again she was the most beautiful woman in the land. The thought gave her a sense of great power. But when she woke up in the morning, she remembered her magic mirror. Quickly, she ran to her private room and shut the door. She stood in front of the mirror and called out in a rough voice:

*"Magic mirror on my wall
Now who's the fairest one of all?"*

The queen's face fell when her mirror told her:

*"O Lovely Queen
Your beauty would be without compare
But for Snow White living there."*

And with these words, the mirror changed to show the little house in the woods. The queen saw Snow White standing in front of the house. She was kissing each dwarf goodbye. Then the queen knew it was a trick! The hunter had lied. Snow White was still alive!

The queen's face went red with anger. Whose heart had she eaten last night? "I will eat the hunter's heart next," she shouted. "And then I will take care of Snow White myself!" But the hunter was nowhere to be found. He

was with the king in the neighboring land. The king thought the queen was a wicked witch. He never wanted to see her again. So the men stayed away. After that, the queen stopped coming out of her room. For many days and nights she stayed awake, planning how to kill Snow White. She would not rest until she was again the fairest woman in the land.

Finally the queen was ready with her wicked plan. She dressed herself up as an old market woman. She wore dark makeup and she covered her head with a cloth. She looked so different that no one would know her. Then she took a bag of ribbons and left the castle. She hurried through the forest. She went over the seven hills and through the seven valleys. It was a long trip. By the time she finally found the house of the seven dwarfs, it was late afternoon.

Snow White was already finished with a full day's work. She sat on a chair by the window. She was sewing. She had spent the whole day alone. So she was surprised when she heard a voice outside the window, "Fine things to buy! Pretty things to buy!" Snow White stood up and looked out. There stood an old woman with a large bag over her shoulder. Snow White did not feel lonely before, but now she suddenly felt happy to have someone to talk to.

"Good afternoon, old woman. What have you got there?" Snow White called to the woman. The woman opened the bag for Snow White to see. "Ribbons! Beautiful ribbons of all colors," was the old woman's answer. "Tie your dress with one of these and you will look beautiful."

Snow White was so excited to see something new that she forgot all about the danger. Of course she had seen ribbons before, but somehow these were special. It was as if they spoke to Snow White. She could hear them saying, "Buy me!" Snow White thought to herself, "The dwarfs are only worried about the queen. Surely they would not mind if I visit with this good market woman." Snow White never dreamed that this kind old market lady was really her mad stepmother. She went to the door and opened it.

"Please come closer," said Snow White to the woman. "May I see those ones?" Snow White pointed to some sky-blue ribbons. "These will go well with my dress," she said, taking two ribbons from the old woman's hand. "Here, let me tie them for you," said the old lady. "Then you will look pretty at the dinner table tonight, for it smells like you've cooked something good." "Why, thank you. That's very kind of you," said Snow White.

The girl turned her back for the market woman to tie up her dress. But the woman quickly pulled the laces too tight. Snow

White could not take a breath, and she fell to the ground as if dead. "Now I'm the fairest!" said the queen with a terrible laugh. And she disappeared into the woods and went back to the castle.

Soon the dwarfs came home from work. They

could smell the delicious soup Snow White cooked for them. But when they walked in the open door of the house, they were horrified. There was Snow White lying on the floor. She did not move. They thought she was dead. When they picked her up, they saw how tightly her dress was tied. The dwarfs quickly cut the ribbons. Right away, Snow White began to breathe again. She opened her eyes and came back to life.

"Thank goodness we made it in time," said the dwarfs. But when the dwarfs heard how Snow White bought the ribbons from a stranger, they were more worried. "That was not an old market woman," they said. "It was the wicked queen in disguise. Now that she knows you are here, she'll be back for sure."

"I'll be more careful next time," promised Snow White.

Later, the queen arrived back at the castle. She ran straight to her room to look in the magic mirror. She stood before it and asked:

> *"Magic mirror on my wall*
> *Who's the fairest one of all?"*

To her great surprise, the mirror answered:

> *"O Lovely Queen, you will despair*
> *Young Snow White is by far most fair."*

This was a fresh blow to the queen. She was very angry. She had traveled far to find Snow White. She had tricked the girl into letting her in. She had tied Snow White's dress so the girl could not take a breath. But after all this, her plan still did not work. How could Snow White come back to life? Right away she began to think about what to do next. "I will never give up. No little girl will win against me," she said to herself. "The seven dwarfs cannot protect her forever."

The queen thought day and night until she came up with another plan. Now she made a beautiful but poisoned hair comb. Then she changed herself into the woodworker's wife from the village. Thus disguised, the queen pulled an old, heavy cart over the hills and through the valleys to the dwarfs' house. She went near and called out, "Wood carvings to buy. Nice things for your hair and home."

Snow White looked out the window when she heard the voice. However, she remembered her promise. "Please go away," she said to the old woman. "I promised not to let anyone in." "Of course, my dear," said the woodworker's wife in a sweet voice. "But no one can stop you from looking, can they? Just one little look will not hurt you." With these words the old woman took out the poisoned comb. She showed it to the girl. The woman said, "Let me show you how to wear this comb in your hair. You will look even nicer than you do now." The comb looked so wonderful that Snow White opened the door.

Snow White sat down on the step to have her hair done. But as soon as the magic comb touched her hair, its poison began to work. Snow White fell to the ground as if dead. The queen left the comb in the poor girl's hair. "I told you it would make you look nicer, and I think you look much nicer dead!" the queen shouted at her. "Now I'm the most beautiful again." And she hurried back to the castle.

Lucky for Snow White, it was late in the day. The dwarfs were already on their way home. Before long they returned to the house. There they found their young friend lying on the step as if dead. But when they saw the strange comb and pulled it out of her hair, Snow White woke up. She told them about the woodworker's wife. The dwarfs ordered her to be more careful. "You cannot trust your eyes," they said. "Buy nothing from strangers. And never open the door to anyone." Snow White knew that they were right, but she was sad. Why did the queen still want to kill her? Snow White knew nothing about the magic mirror's words.

When the mad queen arrived back at the castle, she went straight to her mirror and asked:

> *"Magic mirror on my wall*
> *Now that I've seen Snow White fall*
> *Who's the fairest one of all?"*

The mirror told her:

> *"O Lovely Queen, I cannot lie*
> *Saved by the seven dwarfs*
> *The fairest is Snow White."*

When she heard this, the queen was beside

herself with anger. Her face turned bright red. Her hair stood on end. She shook her fists in the air. "I *will* be the fairest again!" she shouted at the mirror. "Snow White must die! But how?" The queen then pulled her mirror away from the wall. Behind it there was a trap door. She opened the door and went down a stairway to a secret room.

This room was the queen's library of magic. It was filled with big, old books. There was a black cat, and a big black desk with one old lamp. You see, the queen really was a witch. There, in the dark room, she studied her magic books. For days she did not eat or sleep. Finally, in the biggest, oldest book of them all, she found the answer: The Apple of Sleeping Death. "Perfect," said the queen. "Snow White will eat the apple and fall asleep. The little men will think she is dead, and they will bury her alive. Why didn't I think of this before?"

The queen carefully prepared the magic apple. She mixed the sleeping potion in a big iron pot, and then dipped the apple a hundred times. When it was ready, the apple looked so delicious. Anyone who saw it would want to take a bite. But only half of the apple was poisoned: the reddest half. The other half was green. "This apple is just right," said the queen to her cat. "Even the dwarfs will not be able to save Snow White this time."

Then the queen changed herself into an old farmer's wife. She wore old, baggy clothing. Her back was bent, and she walked with a limp from years of farm work. Snow White would never know her as the queen. Disguised in this way, the queen put the poisoned apple in a basket along with some other apples. Then she took the basket on her arm, and went over the seven hills and through the seven valleys to the dwarfs' house. Because she could not walk very fast, the trip took all night.

Early the next morning, the queen arrived at the little house. The dwarfs were still there. The queen waited behind a big tree and watched. She could see Snow White. The girl looked happy and beautiful. One by one, Snow White kissed each dwarf on the head and gave him a bag lunch.

"Goodbye," she said to them. "Have a nice day at work!" Then Snow White went back into the house. The dwarfs locked the door from the outside to make sure Snow White was safe.

After the dwarfs left, the queen knocked at the door. "Apples! Delicious apples for pies," she called out in a loud voice. Snow White put her head out the open window and said, "You can't come in. I mustn't open the door, nor buy anything until my friends return from work."

"Fine," said the farmer's wife. "I'll be going to market to sell my delicious apples. But here, you poor girl left all alone, you may have one for free."

"No, thank you," said Snow White. But the apple looked so good that it made her mouth water.

"Why not?" asked the woman. "It won't kill you. You know, an apple a day keeps the doctor away," the old woman laughed. "When was the last time you ate a nice piece of fruit?"

"Well, it has been a long time," answered Snow White.

"Look," said the woman, "I'll eat one half and you can have the other." Then the woman cut the apple in half, and took a bite of the green part. She held the red half out for Snow White. "See? There is nothing to be afraid of."

Snow White wanted some of the apple. When she saw the farmer's wife eating the green half, she could no longer stop herself. She reached out the window and took the red half of the apple. Then she took a bite, and fell down as if dead. The wicked queen looked through the window and saw Snow White lying on the floor.

The queen cried out:

"Red as blood, white as snow, black as wood
Never darken my door again
The Sleeping Death shall be your fate
This time the dwarfs will be too late!"

The queen laughed a terrible laugh and ran away through the woods back to her castle.

Back in her room, the queen went straight to her magic mirror and asked:

"Magic mirror on my wall
Now who's the fairest one of all?"

And finally she heard the answer she wanted:

"O Lovely Queen, upon your throne
The greatest beauty is your own."

These words were like candy to the queen. "Yes!" she cried with joy. She felt peace in her small and twisted heart at last. Her head felt cool, she looked beautiful, and she was happy. Soon she forgot all about the poor dead girl.

Back in the forest, the sun went down on the seventh hill. The dwarfs came home from work. When they got to the house, there was no light in the window. There was no fire in the fireplace. The front door was still locked, but there was no smell of dinner coming from inside. What could be wrong?

The dwarfs opened the door and went in. There they found Snow White on the floor. She looked dead. They knew at once that the queen had been there. "We have to save Snow White!" they cried. They tried everything that they could think of to bring the girl back to life. They sat her up in a chair. They put water on her face and called her name. But nothing worked. Snow White never moved, nor opened her eyes again. Sadly the dwarfs agreed that the girl was dead. They could do nothing to help her now. They laid her on the table. Then all seven of them began to cry.

Later they had to decide what to do with Snow White's body. When they dried their eyes, they saw that the girl stayed as beautiful in death as she was in life. She did not move or breathe, and her skin was pale, but her cheeks were rosy. She lay as if in a happy sleep. She looked so good and healthy that they decided not to bury her in the ground. Instead, they made a glass case for her, so that everyone could see her and enjoy her beauty. They wrote her name in gold letters on the side of the case. Then they carried it up to the top of one of the seven hills.

After that, the dwarfs took turns keeping watch over Snow White's body. Each dwarf spent one day a week standing guard. In this way, the weeks and months went by. Snow White slept through the seasons in her case. Everyone who saw her was surprised, for she bloomed with health and beauty. Seven years passed.

Then one day a young, handsome prince and his men were riding near the home of the seven dwarfs. By now the story of the beautiful sleeping princess had spread across the land. The prince asked the dwarfs if he could see the princess. They thought that he was a nice young man, so they took him to the top of the hill. The prince fell in love with Snow White at first sight.

"Please let me take Snow White with me," he asked. "You may have all the gold you ask for."

But the dwarfs answered, "We will not trade her for anything in the world."

"Well, if you will not sell her, then please give her to me," begged the prince. "I cannot live without Snow White. I love her. I will take care of her like she is still alive."

When the dwarfs saw that the prince's heart was true, they felt sorry for him. They knew the princess in her glass case would be safe with him. They agreed to let the prince take Snow White back to his castle.

The young prince and his men lifted the glass case onto their shoulders and started to take it back to the prince's castle. One of the men tripped over a stone and almost fell. He nearly dropped his corner of the case. The sudden movement made the poisoned bite of apple fall out of Snow White's mouth. She woke up and came back to life. The men could not believe it! They set down the glass case and opened it. Snow White sat up and took a deep breath and smiled. She looked as fresh and beautiful as ever after her seven-year sleep.

"Where am I?" asked the princess. The young prince was so happy at his good luck. He answered with joy, "You are with me, my love. I am your prince. I am here to protect and love you."

Then the men told her about all that had happened while she slept. Snow White did not remember any of it. She listened with wide eyes.

The gentle prince bent down on one knee and said to her, "Snow White, will you be my wife?"

Snow White liked him instantly. "Yes, I will!" she answered. Her eyes sparkled bright as snow, and her cheeks blushed redder than a rose.

The young lovers hurried back to the prince's home in the neighboring kingdom to get ready for the wedding. It was a big wedding, a grand affair with many important guests. Snow White's stepmother, the queen, was also invited to the royal wedding. She planned to go. She did not know that Snow White was the bride-to-be.

On the morning of the wedding, the wicked queen got dressed in her most expensive clothes. She felt good about herself, and stood tall in front of her magic mirror.

> *"Magic mirror on my wall*
> *Who's the fairest one of all?"*

The mirror replied:

> *"O Lovely Queen, if truth be known*
> *By today's bride you'll be far outshone."*

The wicked queen jumped up and down with anger. Since the death of Snow White she had been the most beautiful woman. Now she was threatened by this strange bride. Who was she? The evil queen would go and see for herself.

When the queen arrived, she saw Snow White. The girl wore a wonderful wedding dress. She had a big diamond ring on her finger. She looked happier and more beautiful than ever before. The prince stood by her side. Snow White's father, the king, and the royal hunter were there, too. They had waited seven years for this moment. The queen was shocked. She tried to run away but she could not. The men stopped her and held her tight.

As it turned out, the queen was a very special guest at the wedding. The men had prepared a fitting surprise for her. The queen was given red-hot iron shoes to wear. The shoes made her dance. She could not stop. She danced out the rest of her life, which was not very long. The queen died in pain. She finally understood the feelings of all the people that she hurt. After that, the king and the hunter returned to their own home. There they broke the queen's magic mirror, and no woman was ever driven mad by her vanity again.

The End

Word List

- LEVEL 1、2は本文で使われている全ての語を掲載しています。
  LEVEL 3以上は、中学校レベルの語を含みません。ただし、本文で特殊な意味で使われている場合、その意味のみを掲載しています。
- 語形が規則変化する語の見出しを原形で示しています。不規則変化語は本文中で使われている形になっています。
- 一般的な意味を紹介していますので、一部の語で本文で実際に使われている品詞や意味と合っていないことがあります。
- 品詞は以下のように示しています。

名 名詞	代 代名詞	形 形容詞	副 副詞	動 動詞	助 助動詞
前 前置詞	接 接続詞	間 間投詞	冠 冠詞	略 略語	俗 俗語
熟 熟語	頭 接頭語	尾 接尾語	引 記号	関 関係代名詞

A

- **a** 冠 ①1つの、1人の、ある ②～につき
- **able** 形 ①《be-to～》(人が)～することができる ②能力のある
- **about** 副 ①およそ、約、～まわりに、あたりを 前 ①～について ②～のまわりに[の] How about ～? ～はどうですか。～しませんか。 What about ～? ～についてあなたはどう思いますか。～はどうですか。
- **across** 前 ～を渡って、～の向こう側に、(身体の一部に)かけて 副 渡って、向こう側に come across ふと出会う[見つける]
- **advice** 名 忠告、助言、意見
- **affair** 名 ①事柄、事件 ②《-s》業務、仕事、やるべきこと ③パーティー
- **afraid** 形 ①心配して ②恐れて、こわがって I'm afraid (that) ～ 残念ながら～、悪いけれど～
- **after** 前 ～の後に[で]、～の次に after all 結局 After you. どうぞお先に。 one after another 次々に 副 後に[で] 接 (～した)後に[で]
- **afternoon** 名 午後
- **again** 副 再び、もう一度

- **against** 前 ①～に対して、～に反対して、(規則などに)違反して ②～にもたれて
- **ago** 副 ～前に
- **agree** 動 ①同意する ②意見が一致する
- **ahead** 副 ①前方へ[に] ②前もって ③進歩して、有利に go ahead 先に行く、《許可を表す》どうぞ
- **air** 名 ①《the-》空中、空間 ②空気、《the-》大気 ③雰囲気、様子
- **alive** 形 ①生きている、生きた状態で ②活気のある、生き生きとした
- **all** 形 すべての 代 全部、すべて(のもの[人]) not ～ at all 少しも[全然]～ない 名 全体 副 まったく、すっかり all right よろしい、申し分ない
- **allow** 動 ①許す、《-～ to …》～が…するのを可能にする、～に…させておく ②与える
- **almost** ほとんど、もう少しで(～するところ)
- **alone** 形 ただひとりの 副 ひとりで、～だけで
- **along** 前 ～に沿って 副 前へ、ずっと、進んで along with ～ ～と一緒に get along やっていく、はかどる

Word List

- □ **already** 副 すでに, もう
- □ **also** 副 ～も(また), ～も同様に 接 その上, さらに
- □ **although** 接 ～だけれども, ～にもかかわらず, たとえ～でも
- □ **always** 副 いつも, 常に　not always ～ 必ずしも～であるとは限らない
- □ **am** 動 ～である, (～に)いる[ある]《主語がIのときのbeの現在形》
- □ **amazement** 名 驚き, 仰天　to one's amazement 驚いたことに
- □ **an** 冠 ①1つの, 1人の, ある ②～につき
- □ **An apple a day keeps the doctor away.** 1日にリンゴ1個で医者いらず。《ことわざ》
- □ **and** 接 ①そして, ～と… 《同じ語を結んで》ますます ③《結果を表して》それで, だから　and so on ～など
- □ **anger** 名 怒り
- □ **angry** 形 怒って, 腹を立てて
- □ **animal** 名 動物 形 動物の
- □ **another** 形 ①もう1つ[1人]の ②別の 代 ①もう1つ[1人] ②別のもの　one another お互いに
- □ **answer** 動 ①答える, 応じる ②《– for ～》～の責任を負う 名 答え, 応答, 返事
- □ **any** 形 ①《疑問文で》何か, いくつかの ②《否定文で》何も, 少しも(～ない) ③《肯定文で》どの～も 代 ①《疑問文で》(～のうち)何か, どれか, 誰か ②《否定文で》少しも, 何も[誰も]～ない ③《肯定文で》どれも, 誰でも　if any もしあれば, あったとしても 副 少しは, 少しも
- □ **anyone** 代 ①《疑問文・条件節で》誰か ②《否定文で》誰も(～ない) ③《肯定文で》誰でも
- □ **anything** 代 ①《疑問文で》何か, どれでも ②《否定文で》何も, どれも(～ない) ③《肯定文で》何でも, どれでも　anything but ～ ～のほかは何でも, 少しも～でない 副 いくらか
- □ **apple** 名 リンゴ　Apple of Sleeping Death 《The –》永遠の眠りのリンゴ　apple pie アップルパイ
- □ **are** 動 ～である, (～に)いる[ある]《主語がyou, we, theyまたは複数名詞のときのbeの現在形》名 アール《面積単位。100平方メートル》
- □ **arm** 名 ①腕 ②腕状のもの, 腕木, ひじかけ ③《-s》武器, 兵器 動 武装する[させる]
- □ **around** 副 ①まわりに, あちこちに ②およそ, 約 前 ～のまわりに, ～のあちこちに
- □ **arrive** 動 到着する, 到達する
- □ **arrow** 名 矢, 矢のようなもの
- □ **art** 名 芸術, 美術
- □ **artist** 名 芸術家
- □ **artwork** 名 アートワーク, 芸術作品
- □ **as** 接 ①《as ～ as …の形で》…と同じくらい～ ②～のとおりに, ～のように ③～しながら, ～しているときに ④～するにつれて, ～にしたがって ⑤～なので ⑥～だけれども ⑦～する限りでは　as ～ as one can できる限り～　as for ～ ～はどうかというと　as if[though] ～ まるで～のように　as to ～ ～については, ～に応じて 前 ①～として(の) ②～の時 副 同じくらい 代 ①～のような ②～だが
- □ **ask** 動 ①尋ねる, 聞く ②頼む, 求める
- □ **asleep** 形 ①眠って(いる状態の) ②(手足が)しびれている 副 ①眠って, 休止して ②(手足が)しびれて　fall asleep 眠り込む, 寝入る
- □ **at** 前 ①《場所・時》～に[で] ②《目標・方向》～に[を], ～に向かって ③《原因・理由》～を見て[聞いて・知って] ④～に従事して, ～の状態で
- □ **ate** 動 eat(食べる)の過去

SNOW WHITE AND THE SEVEN DWARFS

- **awake** 動①目覚めさせる ②目覚める 形目が覚めて
- **away** 副離れて, 遠くに, 去って, わきに 形離れた, 遠征した 名遠征試合

B

- **baby** 名①赤ん坊 ②《呼びかけで》あなた 形①赤ん坊の ②小さな
- **back** 名①背中 ②裏, 後ろ 副①戻って ②後ろへ[に] 形裏の, 後ろの
- **bad** 形①悪い, へたな ②気の毒な ③(程度が)ひどい, 激しい **That's too bad.** 残念だ。
- **bag** 名①袋, かばん ②(皮ふなどの)たるみ **bag lunch** 弁当 動袋に入れる, つかまえる
- **baggy** 形だぶだぶの, たるんだ
- **basket** 名かご, バスケット
- **bath** 名入浴, 風呂 動入浴する[させる]
- **be** 動~である, (~に)いる[ある], ~となる **be to** ~ ~すべきである, ~することになっている 助①《現在分詞とともに用いて》~している ②《過去分詞とともに用いて》~される, ~されている
- **beautiful** 形美しい, すばらしい 間いいぞ, すばらしい
- **beauty** 名①美, 美しい人[物] ②《the-》美点
- **became** 動 become (なる) の過去
- **because** 接(なぜなら)~だから, ~という理由[原因]で **because of** ~ ~のために, ~の理由で
- **become** 動①(~に)なる ②(~に)似合う ③becomeの過去分詞
- **bed** 名①ベッド, 寝所 ②花壇, 川床, 土台 **go to bed** 床につく, 寝る **make up a bed** ベッドの用意をする
- **been** 動 be (~である) の過去分詞

助 be (~している・~される) の過去分詞
- **before** 前~の前に[で], ~より以前に 接~する前に 副以前に
- **beg** 動懇願する, お願いする
- **began** 動 begin (始まる) の過去
- **begin** 動始まる[始める], 起こる
- **beginning** 名初め, 始まり
- **behind** 前①~の後ろに, ~の背後に ②~に遅れて, ~に劣って 副①後ろに, 背後に ②遅れて, 劣って
- **believe** 動信じる, 信じている, (~と)思う, 考える
- **bent** 動 bend (曲がる) の過去, 過去分詞 形①曲がった ②熱中した, 決心した 名(生まれつきの)好み, 傾向
- **beside** 前①~のそばに, ~と並んで ②~と比べると ③~とはずれて **beside oneself** 我を忘れて, 逆上して
- **better** 形①よりよい ②(人が)回復して 副①よりよく, より上手に ②むしろ **had better** ~ ~するほうがよい, ~しなさい
- **big** 形①大きい ②偉い, 重要な 副①大きく, 大いに ②自慢して
- **birdsong** 名鳥の鳴き声
- **birthday** 名誕生日
- **bite** 動かむ, かじる 名かむこと, かみ傷, 1片, ひと口 **take a bite** ひと口かじる
- **black** 形黒い, 有色の 名黒, 黒色
- **blanket** 名毛布 動毛布でくるむ
- **blood** 名①血, 血液 ②血統, 家柄 ③気質
- **bloom** 名①花, 開花 ②若さ 動咲く, 咲かせる **bloom with** ~ (美しさなど)を咲き誇る
- **blow** 動①(風が)吹く, (風が)~を吹き飛ばす ②息を吹く, (鼻を)かむ ③破裂する ④吹奏する 名①(風の)一吹き, 突風 ②(楽器の)吹奏 ③打撃 **fresh blow** 新たな打撃

Word List

- **blush** 動顔を赤らめる, バラ色になる 名①赤面 ②赤色, バラ色
- **body** 名①体, 死体, 胴体 ②団体, 組織 ③主要部, (文書の)本文
- **book** 名①本, 書物 ②《the B-》聖書 ③《-s》帳簿 動①記入する, 記帳する ②予約する
- **born** 動 bear(産む)の過去分詞 形生まれた, 生まれながらの
- **both** 形両方の, 2つともの 副《both ~ and … の形で》~も…も両方とも 代両方, 両者, 双方
- **bought** 動 buy(買う)の過去, 過去分詞
- **bow** 動(~に)お辞儀する 名①お辞儀, えしゃく ②弓, 弓状のもの
- **box** 名①箱, 容器 ②観覧席 ③詰所 動①箱に入れる[詰める] ②ボクシングをする
- **boy** 名①少年, 男の子 ②給仕
- **bread** 名①パン ②食物, 生計
- **breakfast** 名朝食
- **breath** 名①息, 呼吸 ②《a-》(風の)そよぎ, 気配, きざし
- **breathe** 動①呼吸する ②一息つく, 休息する
- **bride** 名花嫁, 新婦
- **bride-to-be** 名花嫁となる人, 結婚間近の女性
- **bright** 形①輝いている, 鮮明な ②快活な ③利口な 副輝いて, 明るく
- **brightly** 副明るく, 輝いて, 快活に
- **bring** 動①持ってくる, 連れてくる ②もたらす, 生じる **bring about** 引き起こす **bring up** 育てる
- **broke** 動 break(壊す)の過去
- **brother** 名①兄弟 ②同僚, 同胞
- **brought** 動 bring(持ってくる)の過去, 過去分詞
- **bury** 動①埋葬する, 埋める ②覆い隠す
- **busy** 形①忙しい ②(電話で)話し中で ③にぎやかな, 交通が激しい
- **but** 接①でも, しかし ②~を除いて 前~を除いて, ~のほかは 副ただ, のみ, ほんの
- **buy** 動買う, 獲得する 名購入, 買った[買える]物
- **by** 前①《位置》~のそばに[で] ②《手段・方法・行為者・基準》~によって, ~で ③《期限》~までには ④《通過・経由》~を経由して, ~を通って ⑤《連続》~ずつ, 連続して 副そばに, 通り過ぎて

C

- **call** 動①呼ぶ, 叫ぶ ②電話をかける ③立ち寄る **call for** ~ ~を呼び出す **call out** 叫ぶ, 掛け声をかける 名①呼び声, 叫び ②電話(をかけること) ③短い訪問
- **came** 動 come(来る)の過去
- **can** 助①~できる ②~してもよい ③~でありうる ④《否定文で》~のはずがない **Can I ~?** ~してもよいですか。 **Can you ~?** ~してくれますか。 名缶, 容器 動缶詰[瓶詰]にする
- **candy** 名キャンディー, 甘いもの
- **cannot** cna notの複合形
- **care** 名心配, 注意 **take care** 気をつける, 注意する **take care of** ~の世話をする, ~に気をつける, ~を処理する, ~を始末する 動①《通例否定文・疑問文で》気にする, 心配する ②世話をする **care for** ~ ~の世話をする, 《否定文・疑問文で》~を好む
- **careful** 形注意深い, 慎重な
- **carefully** 副注意深く, 丹念に
- **carry** 動①運ぶ, 連れていく, 持ち歩く ②伝わる, 伝える **carry on** ~ ~を続ける **carry out** 実行する, 成し遂げる
- **cart** 名荷馬車, 荷車 動運ぶ

- **carving** 動 carve (彫る) の現在分詞 名 彫刻, 彫刻作品
- **case** 名 ①事件, 問題, 事柄 ②実例, 場合 ③実状, 状況, 症状 ④箱 **in any case** どんな場合でも, とにかく **in case** ～ 《接続詞的に》もし～である場合, 万一～の場合 **in case of** ～ ～の場合には, ～に備えて
- **castle** 名 城, 大邸宅
- **cat** 名 ネコ (猫)
- **celebrate** 動 ①祝う, 祝福する ②祝典を開く
- **chair** 名 ①いす ②《the -》議長 [会長] の席 [職]
- **change** 動 ①変わる, 変える ②交換する ③両替する 名 ①変化, 変更 ②取り替え, 乗り換え ③つり銭, 小銭
- **cheek** 名 ほお
- **child** 名 子ども
- **children** 名 child (子ども) の複数
- **clean** 形 ①きれいな, 清潔な ②正当な 動 掃除する 副 ①きれいに ②まったく, すっかり
- **clearing** 名 ①掃除, 除去 ②空き地
- **clearly** 副 ①明らかに, はっきりと ②《返答に用いて》そのとおり
- **climb** 動 登る, 徐々に上がる 名 登ること, 上昇
- **close** 形 ①近い ②親しい ③狭い 副 ①接近して ②密集して 動 ①閉まる, 閉める ②終える, 閉店する
- **cloth** 名 布 (地), テーブルクロス, ふきん
- **clothes** 動 clothe (服を着せる) の3人称単数現在 名 衣服, 身につけるもの
- **clothing** 名 衣類, 服
- **cold** 形 ①寒い, 冷たい ②冷淡な, 冷静な 名 ①寒さ, 冷たさ ②風邪
- **color** 名 ①色, 色彩 ②絵の具 ③血色 動 色をつける
- **colored** 形 ①色のついた, (植物が) 色づいた ②有色人種の

- **comb** 名 くし **wear a comb in one's hair** ～の髪にくしを刺す 動 (髪を) くしで梳く
- **come** 動 ①来る, 行く, 現れる ②(出来事が) 起こる, 生じる ③～になる ④come の過去分詞 **come about** 起こる **come off** 取れる, はずれる **come up with** ～ ～に追いつく, ～を思いつく, ～を提案する
- **compare** 動 ①比較する, 対照する ②たとえる (**as**) **compared with** [**to**] ～ ～と比較して, ～に比べれば **without compare** 比べものにならないほど
- **control** 動 ①管理 [支配] する ②抑制する, コントロールする 名 ①管理, 支配 (力) ②抑制
- **cook** 動 料理する, (食物が) 煮える 名 料理人, コック
- **cool** 形 ①涼しい, 冷えた ②冷静な ③かっこいい 動 ①涼しくなる, 冷える ②冷静になる 名 涼しさ, 涼しい場所
- **corner** 名 ①曲がり角, 角 ②すみ, はずれ 動 ①窮地に追いやる ②買い占める ③角を曲がる
- **cottage** 名 小別荘, 小さな家
- **could** 助 ①can (～できる) の過去 ②《控え目な推量・可能性・願望などを表す》 **Could you** ～ **?** ～してくださいますか.
- **course** 名 ①進路, 方向 ②経過, 成り行き ③科目, 講座 ④策, 方策 **of course** もちろん, 当然
- **cover** 動 ①覆う, 包む, 隠す ②扱う, (～に) わたる, 及ぶ ③代わりを務める 名 覆い, カバー
- **cross** 動 ①横切る, 渡る ②じゃまする ③十字を切る 名 十字架, 十字形のもの 形 ①不機嫌な ②交差した **cross word** 意地悪な言葉
- **crossbow** 名 石弓
- **cry** 動 泣く, 叫ぶ, 大声を出す, 嘆く 名 泣き声, 叫び, かっさい
- **cup** 名 ①カップ, 茶わん ②賞杯,

Word List

競技大会
- **cut** 動①切る, 刈る ②短縮する, 削る ③cutの過去, 過去分詞 **cut out ~** ~を切り開く, ~を切り抜く 名①切ること, 切り傷 ②削除 ③ヘアスタイル
- **cute** 形 かわいい

D

- **daily** 形 毎日の, 日常の 副 毎日, 日ごとに 名《-lies》日刊新聞
- **dance** 動 踊る, ダンスをする 名 ダンス, ダンスパーティー
- **danger** 名 危険, 障害, 脅威 **out of danger** 危険を脱して
- **dark** 形①暗い, 闇の ②(色が)濃い ③陰うつな 名①《the-》暗がり, 闇 ②日暮れ, 夜 ③暗い色[影]
- **darken** 動 暗くする **darken one's door** ~の家の敷居をまたぐ
- **daughter** 名 娘
- **day** 名①日中, 昼間 ②日, 期日 ③《-s》時代, 生涯 **day and night** 日夜, 四六時中 **one day** (過去の)ある日, (未来の)いつか
- **dead** 形①死んでいる, 活気のない, 枯れた ②まったくの 名《the-》死者たち, 故人 副 完全に, まったく
- **dear** 形 いとしい, 親愛なる, 大事な 名 ねえ, あなた《呼びかけ》 間 まあ, おや
- **death** 名①死, 死ぬこと ②《the-》終焉, 消滅
- **decide** 動 決定[決意]する, (~しようと)決める, 判決を下す
- **deep** 形①深い, 深さ~の ②深遠な ③濃い 副 深く
- **deeply** 副 深く, 非常に
- **delicious** 形 おいしい, うまい
- **desk** 名①机, 台 ②受付(係), フロント, カウンター, 部局

- **despair** 動 絶望する, あきらめる 名 絶望, 自暴自棄
- **destroy** 動 破壊する, 絶滅させる, 無効にする
- **diamond** 名①ダイヤモンド ②ひし形
- **did** 動 do(~をする)の過去 助 doの過去
- **die** 動 死ぬ, 消滅する
- **different** 形 異なった, 違った, 別の, さまざまな
- **dig** 動①掘る ②小突く ③探る 名①突き ②掘ること, 発掘
- **dinner** 名①ディナー, 夕食 ②夕食[食事]会, 祝宴
- **dip** 動①ちょっと浸す, さっとつける ②(値段などが)下がる 名 ちょっと浸すこと, (スープなどの)ひとすくい
- **dirt** 名①汚れ, 泥, ごみ ②土 ③悪口, 中傷
- **disappear** 動 見えなくなる, 姿を消す, なくなる
- **disguise** 動 変装させる, 隠す 名 変装(すること), 見せかけ
- **dish** 名①大皿 ②料理
- **do** 助①《ほかの動詞とともに用いて現在形の否定文・疑問文をつくる》②《同じ動詞を繰り返す代わりに用いる》③《動詞を強調するのに用いる》動 ~をする **do away with ~** ~を廃止する **do with ~** ~を処理する **do without ~** ~なしですませる
- **doctor** 名 医者, 博士(号)
- **dollhouse** 名 人形の家, ドールハウス
- **done** 動 do(~をする)の過去分詞
- **door** 名①ドア, 戸 ②一軒, 一戸
- **down** 副①下へ, 降りて, 低くなって ②倒れて 前 ~の下方へ, ~を下って 形 下方の, 下りの
- **drank** 動 drink(飲む)の過去
- **dream** 名 夢, 幻想 動 (~の)夢を

Snow White and the Seven Dwarfs

見る, 夢想[想像]する

- **dress** 名 ドレス, 衣服, 正装 動 ①服を着る[着せる] ②飾る **dress up** ~を盛装[正装]させる
- **driven** 動 drive (人をある状態に追いやる)の過去分詞
- **dry** 形 ①乾燥した ②辛口の 動 乾燥する[させる], 干す **dry one's tear[eyes]** 涙をぬぐう
- **drop** 動 ①(ぽたぽた)落ちる, 落とす ②下がる, 下げる ③急に倒れる **drop in** ちょっと立ち寄る **drop to the ground** 地面に倒れこむ 名 しずく, 落下
- **dwarf** 名 ①(おとぎばなしの)小人, 一寸法師 ②わい小動物[植物] 形 小型の 動 小さくする

E

- **each** 形 それぞれの, 各自の 代 それぞれ, 各自 **each other** お互いに 副 それぞれに
- **early** 形 ①(時間や時期が)早い, 初期の, 幼少の, 若い 副 ①早く, 早めに ②初期に, 初めのころに
- **eat** 動 食べる, 食事する
- **eaten** 動 eat (食べる)の過去分詞
- **either** 形 ①(2つのうち)どちらかの ②どちらでも 代 どちらか, どちらでも 副 ①どちらか ②《否定文で》~もまた(…ない) 接《either ~ or …の形で》~かまたは…か
- **else** 副 ①そのほかに[の], 代わりに ②さもないと **or else** さもないと
- **end** 名 ①終わり, 終末, 死 ②果て, 末, 端 ③目的 **in the end** とうとう, 最後には 動 終わる, 終える
- **enjoy** 動 楽しむ, 享受する **enjoy oneself** 楽しく過ごす, 楽しむ
- **escape** 動 逃げる, 免れる, もれる 名 逃亡, 脱出, もれ
- **even** 副 ①《強意》~さえも, ~ですら, いっそう, なおさら ②平等に **even if ~** たとえ~でも **even though ~** ~であるのに, たとえ~でも 形 ①平らな, 水平の ②等しい, 均一の ③落ち着いた 動 平らになる[する], 釣り合いがとれる
- **ever** 副 ①今までに, これまで, かつて, いつまでも ②《強意》いったい
- **every** 形 ①どの~も, すべての, あらゆる ②毎~, ~ごとの
- **everyone** 代 誰でも, 皆
- **everything** 代 すべてのこと[もの], 何でも, 何もかも
- **evil** 形 ①邪悪な ②有害な, 不吉な 名 ①邪悪 ②害, わざわい, 不幸 副 悪く
- **excited** 形 興奮した, わくわくして
- **expensive** 形 高価な, ぜいたくな
- **explain** 動 説明する, 明らかにする, 釈明[弁明]する
- **eye** 名 ①目, 視力 ②眼識, 観察力 ③注目 **keep an eye on ~** ~から目を離さない
- **eyeglass** 名 単眼鏡, 《-es》めがね

F

- **face** 名 ①顔, 顔つき ②外観, 外見 ③(時計の)文字盤, (建物の)正面 **face to face** 面と向かって, 差し向かいで **in (the) face of ~** ~の面前で, ~に直面して 動 直面する, 立ち向かう
- **fact** 名 事実, 真相 **in fact** 実は, 要するに
- **fair** 形 ①正しい, 公平[正当]な ②快晴の ③色白の, 金髪の ④かなりの ⑤《古》美しい 副 ①公平に, きれいに ②見事に
- **fall** 動 ①落ちる, 倒れる, 死んで倒れる ②(値段・温度が)下がる ③(ある状態に)急に陥る ④(顔が)沈んで

WORD LIST

見える 名①落下, 墜落 ②滝 ③崩壊 ④秋
- **family** 名家族, 家庭, 一門, 家柄
- **far** 副遠くに, はるかに, 離れて **as far as** ～と同じくらい遠く, ～まで, ～する限り(では) **by far** はるかに, 断然 **far from** ～ ～から遠い, ～どころか **so far** 今までのところ, これまでは 形遠い, 向こうの 名遠方
- **farm** 名農場, 農家 動(～を)耕作する
- **farmer** 名農民, 農場経営者
- **fast** 形①(速度が)速い ②(時計が)進んでいる ③しっかりした 副①速く, 急いで ②(時計が)進んで ③しっかりと, ぐっすりと
- **fate** 名①運命, 宿命 ②破滅, 悲運 動(～の)運命にある
- **father** 名①父親 ②先祖, 創始者 ③《F-》神 ④神父, 司祭
- **favorite** 名お気に入り(の人[物]) 形お気に入りの, ひいきの
- **feel** 動感じる, (～と)思う **feel for** ～ ～に同情する, ～を手さぐりで探す **feel like** ～ ～がほしい, ～したい気がする, ～のような感じがする
- **feeling** 名①感じ, 印象 ②《-s》感情, 気持ち
- **fell** 動 fall (落ちる)の過去
- **felt** 動 feel (感じる)の過去, 過去分詞 名フェルト 形フェルト(製)の
- **few** 形①ほとんどない, 少数の(～しかない) ②《a-》少数の, 少しはある **not [quite] a few** かなり多くの 代少数の人[物]
- **fifth** 名第5番目(の人[物]), 5日 形第5番目の
- **fill** 動①満ちる, 満たす ②《be -ed with ～》～でいっぱいである
- **finally** 副最後に, ついに, 結局
- **find** 動①見つける ②(～と)わかる, 気づく, ～と考える ③得る
- **fine** 形①元気な ②美しい, りっぱな, 申し分ない, 結構な ③晴れた ④細かい, 微妙な 副りっぱに, 申し分なく 動罰金を科す 名罰金
- **finger** 名(手の)指 動指でさわる
- **finish** 動終わる, 終える 名終わり, 最後
- **fire** 名①火, 炎, 火事 ②砲火, 攻撃 動①発射する ②解雇する ③火をつける
- **fireplace** 名暖炉
- **first** 名最初, 第1(の人[物]) **at first** 最初は, 初めのうちは 形①第1の, 最初の ②最も重要な 副第一に, 最初に **first of all** 何よりもまず
- **fist** 名こぶし, げんこつ
- **fitting** 形ふさわしい, ぴったりの
- **floor** 名床, 階
- **flower** 名①花, 草花 ②満開 動花が咲く
- **follow** 動①ついていく, あとをたどる ②(～の)結果として起こる ③(忠告などに)従う ④理解できる
- **food** 名食物, えさ, 肥料
- **for** 前①《目的・原因・対象》～にとって, ～のために[の], ～に対して ②《期間》～間 ③《代理》～の代わりに ④《方向》～へ(向かって) 接というわけは～, なぜなら～だから
- **forest** 名森林
- **forever** 副永遠に, 絶えず
- **forgot** 動 forget (忘れる)の過去, 過去分詞
- **fork** 名①フォーク, 熊手 ②分岐したもの, (道・川の)分岐点 動①フォークで運ぶ, 熊手でかく ②分岐する
- **found** 動 find (見つける)の過去, 過去分詞
- **fourth** 名第4番目(の人・物), 4日 形第4番目の
- **free** 形①自由な, 開放された, 自由に～できる ②暇で, (物が)空いている, 使える ③無料の 副①自由に ②無料で 動自由にする, 解放する

63

- **fresh** 形 ①新鮮な, 生気のある ②さわやかな, 清純な ③新規の
- **friend** 形 友だち, 仲間
- **friendly** 形 親しみのある, 親切な, 友情のこもった 副 友好的に, 親切に
- **from** 前 ①《出身・出発点・時間・順序・原料》~から ②《原因・理由》~がもとで
- **front** 名 正面, 前 in front of ~ ~の前に, ~の正面に 形 正面の, 前面の
- **fruit** 名 ①果実, 実 ②《-s》成果, 利益 動 実を結ぶ
- **full** 形 ①満ちた, いっぱいの, 満期の ②完全な, 盛りの, 充実した 名 全部
- **funny** 形 ①おもしろい, こっけいな ②奇妙な, うさんくさい

G

- **garden** 名 庭, 庭園 動 園芸をする, 庭いじりをする
- **gave** 動 give (与える) の過去
- **gentle** 形 ①優しい, 温和な ②柔らかな
- **get** 動 ①得る, 手に入れる ②(ある状態に)なる, いたる ③わかる, 理解する ④~させる ⑤(ある場所に)達する, 着く
- **girl** 名 女の子, 少女
- **give** 動 ①与える, 贈る ②伝える, 述べる ③(~を)する give in 降参する, (書類などを)提出する give off 発散する, 放つ give out 分配する, 発表する, 尽きる give up あきらめる, やめる
- **given** 動 give (与える) の過去分詞 形 与えられた
- **glass** 名 ①ガラス(状のもの), コップ, グラス ②鏡, 望遠鏡 ③《-es》めがね
- **go** 動 ①行く, 出かける ②動く ③進む, 経過する, いたる ④(ある状態に)なる ⑤なくなる, (健康・機能などが)だめになる be going to ~ ~するつもりである go away 立ち去る go by 経過する, 通り過ぎる go for ~ ~に出かける, ~を取りに行く, ~を好む go off 立ち去る, 発射する go on 続く, 続ける, 進んでいく go up to ~ ~に近づく go well with ~ ~に合う, ~に似合う go with ~ ~と一緒に行く, ~と調和する go without ~ ~なしですませる
- **gold** 名 金, 金貨, 金製品, 金色 形 金の, 金製の, 金色の
- **good** 形 ①よい, 上手な, 優れた, 美しい ②(数量・程度が)かなりの, 相当な as good as ~ ~も同然で, ほとんど be good at ~[~ing] ~が得意である 間 よかった, わかった, よろしい 名 善, 徳, 益, 幸福
- **goodbye** 間 さようなら 名 別れのあいさつ
- **goodness** 名 ①善良さ, よいところ ②優秀 ③神《婉曲表現》thank goodness ありがたい, 助かった
- **got** 動 get (得る) の過去, 過去分詞
- **grab** 動 ①ふいにつかむ, ひったくる ②横取りする 名 ひっつかむこと, 横取り
- **grand** 形 雄大な, 壮麗な
- **great** 形 ①大きい, 広大な, (量や程度が)たいへんな ②偉大な, 優れた ③すばらしい, おもしろい
- **green** 形 ①緑色の, 青々とした ②未熟な, 若い ③生き生きした 名 ①緑色 ②草地, 芝生, 野菜
- **grew** 動 grow (成長する) の過去
- **grey** 形 ①灰色の ②どんよりした, 憂うつな ③白髪の 名 灰色
- **ground** 名 地面, 土, 土地 動 ①基づかせる ②着陸する ③grind (ひく) の過去, 過去分詞 形 (粉に)ひいた, すった
- **grow** 動 ①成長する, 育つ, 育てる 伸ばす ②増大する, (次第に~に)な

Word List

る **grow into** ~ 成長して~になる

- □ **guard** 名 ①警戒, 見張り ②番人 **stand guard** 見張りをする 動 番をする, 監視する, 守る
- □ **guest** 名 客, ゲスト

H

- □ **had** 動 have (持つ) の過去, 過去分詞 助 have の過去《過去完了の文をつくる》 **had better** ~ ~するほうがよい, ~しなさい
- □ **hair** 名 髪, 毛 **have one's hair done** ~の髪を整えてもらう
- □ **half** 名 半分 形 半分の, 不完全な 副 半分, なかば, 不十分に
- □ **hand** 名 ①手 ②(時計の)針 ③援助の手, 助け **at hand** 近くに, すぐ使えるように **on the other hand** 他方では 動 手渡す **hand in** 差し出す, 提出する **hand out** 配る **hand over** 引き渡る, 譲渡する
- □ **handsome** 形 端正な (顔立ちの), りっぱな, (男性が) ハンサムな
- □ **happen** 動 ①(出来事が)起こる, 生じる ②偶然[たまたま]~する
- □ **happily** 副 幸福に, 楽しく, うまく, 幸いにも
- □ **happiness** 名 幸せ, 喜び
- □ **happy** 形 幸せな, うれしい, 幸運な, 満足して
- □ **hard** 形 ①堅い ②激しい, むずかしい ③熱心な, 勤勉な ④無情な, 耐えがたい 副 ①一生懸命に ②激しく ③堅く
- □ **has** 動 have (持つ) の3人称単数現在 助 have の3人称単数現在《現在完了の文をつくる》
- □ **have** 動 ①持つ, 持っている, 抱く ②(~が)ある, いる ③食べる, 飲む ④経験する, (病気に)かかる ⑤催す, 開く ⑥(人に~)させる, (人・物を~)してもらう **have got** 持っている, 所有している **have to** ~ ~しなければならない **have to do with** ~ ~と関係がある 助《〈have + 過去分詞〉の形で現在完了の文をつくる》~した, ~したことがある, ずっと~している

- □ **he** 代 彼は[が]
- □ **head** 名 ①頭 ②先頭 ③長, 指導者 動 向かう, 向ける
- □ **health** 名 健康 (状態), 衛生, 保健
- □ **healthy** 形 健康な, 健全な, 健康によい
- □ **hear** 動 聞く, 聞こえる **hear from** ~ ~から手紙[電話・返事]をもらう **hear of** ~ ~について聞く **I hear (that)** ~ ~だそうだ
- □ **heard** 動 hear (聞く) の過去, 過去分詞
- □ **heart** 名 ①心臓, 胸 ②心, 感情, ハート ③中心, 本質 **at heart** 心底では, 実際は **by heart** 暗記して **with all one's heart** 心から
- □ **heavy** 形 重い, 激しい, つらい
- □ **held** 動 hold (つかむ) の過去, 過去分詞
- □ **help** 動 ①助ける, 手伝う ②給仕する **cannot [can't] help** ~ing [but ~] ~せずにはいられない **help oneself** 自分で取って食べる[飲む] 名 助け, 手伝い
- □ **her** 代 ①彼女を[に] ②彼女の
- □ **here** 副 ①ここに[で] ②《– is [are] ~》ここに~がある ③さあ, そら **Here it is.** はい, どうぞ。 **Here we are.** さあ着きました。 **Here you are.** はい, どうぞ。 **Look here.** ほら。ねえ。 名 ここ
- □ **herself** 代 彼女自身
- □ **high** 形 ①高い ②気高い, 高価な 副 ①高く ②ぜいたくに 名 高い所
- □ **hill** 名 丘, 塚, 小山
- □ **him** 代 彼を[に]
- □ **himself** 代 彼自身
- □ **his** 代 ①彼の ②彼のもの

Snow White and the Seven Dwarfs

- **hold** 動 ①つかむ, 持つ, 抱く ②保つ, 持ちこたえる ③収納できる, 入れることができる ④(会などを)開く **hold ~ out** ~を差し出す 名 ①つかむこと, 保有 ②支配[理解]力
- **home** 名 ①家, 自国, 故郷, 家庭 ②収容所 **at home** 在宅して, 気楽に, くつろいで 副 家に, 自国へ 形 家の, 家庭の, 地元の 動 ①家[本国]に帰る ②(飛行機などを)誘導する
- **horrified** 形 怖がって, 恐怖に襲われて
- **horse** 名 馬
- **hour** 名 1時間, 時間
- **house** 名 ①家, 家庭 ②(特定の目的のための)建物, 小屋 **keep house** 家事を切り盛りする
- **how** 副 ①どうやって, どれくらい, どんなふうに ②なんて (~だろう) ③《関係副詞》~する方法 **How do you like ~?** ~はどう思いますか。 ~はいかがですか。 **how to ~** どのように~すべきか, ~する方法
- **however** 副 たとえ~でも 接 けれども, だが
- **hundred** 名 ①100(の数字), 100人[個] ②《-s》何百, 多数 形 ①100の, 100人[個]の ②多数の
- **hung** 動 hang (かける)の過去, 過去分詞
- **hungry** 形 ①空腹の, 飢えた ②渇望して ③不毛の
- **hunter** 名 ①狩りをする人, 狩人, ハンター ②猟馬, 猟犬
- **hurry** 動 急ぐ, 急がせる, あわてる **hurry on** 急いで行く 名 急ぐこと, 急ぐ必要
- **hurt** 動 傷つける, 痛む, 害する 名 傷, けが, 苦痛, 害

I

- **I** 代 私は[が]

- **idea** 名 考え, 意見, アイデア, 計画
- **if** 接 もし~ならば, たとえ~でも, ~かどうか **if any** もしあれば, あったとしても 名 疑問, 条件, 仮定
- **ill** 形 ①病気の, 不健康な ②悪い 副 悪く, 不完全に **speak ill of ~** ~を悪く言う
- **important** 形 重要な, 大切な, 有力な
- **in** 前 ①《場所・位置・所属》~(の中)に[で・の] ②《時》~(の時)に[の・で], ~後(に), ~の間(に) ③《方法・手段》~で ④~を身につけて, ~を着て ⑤~に関して, ~について ⑥《状態》~の状態で 副 中へ[に], 内へ[に]
- **indoors** 副 室内で, 屋内で
- **inside** 名 内部, 内側 **inside out** 裏返しに, ひっくり返して 形 内部[内側]にある 副 内部[内側]に 前 ~の内部[内側]に
- **instantly** 副 すぐに, 即座に
- **instead** 副 その代わりに **instead of ~** ~の代わりに, ~をしないで
- **into** 前 ①《動作・運動の方向》~の中へ[に] ②《変化》~に[へ]
- **invite** 動 ①招待する, 招く ②勧める, 誘う ③~をもたらす
- **iron** 名 ①鉄, 鉄製のもの ②アイロン ③鉄の, 鉄製の 動 アイロンをかける
- **is** 動 be (~である)の3人称単数現在
- **it** 代 ①それは[が], それを[に] ②《天候・日時・距離・寒暖などを示す》
- **its** 代 それの, あれの

J

- **jealous** 形 嫉妬深い, うらやんで
- **joy** 名 喜び, 楽しみ
- **jump** 動 ①跳ぶ, 跳躍する, 飛び越える, 飛びかかる ②(~を)熱心にやり始める 名 ①跳躍 ②急騰, 急転

WORD LIST

- [ ] **just** 形正しい, もっともな, 当然な 副①まさに, ちょうど, (〜した)ばかり ②ほんの, 単に, ただ〜だけ ③ちょっと

K

- [ ] **keep** 動①とっておく, 保つ, 続ける ②(〜を…に)しておく ③飼う, 養う ④経営する ⑤守る **keep ~ away** 〜を遠ざける **keep off ~** 〜を避ける **keep on ―[~ ing]** 〜し続ける, 繰り返し〜する **keep out** 外にいる, さえぎる, 締め出す **keep to ~** 〜から離れない, 〜を守る **keep up** 続ける, 続く, 維持する, (遅れないで)ついていく

- [ ] **kept** 動 keep (保つ)の過去, 過去分詞

- [ ] **kill** 動殺す, 消す, 枯らす 名殺すこと

- [ ] **kind** 形親切な, 優しい **be kind enough to ~** 親切にも〜する 名種類 **kind of (~)** ある程度, いくらか, 〜のような物[人]

- [ ] **king** 名王, 国王

- [ ] **kingdom** 名王国

- [ ] **kiss** 名キス 動キスする

- [ ] **kitchen** 名台所, 調理場

- [ ] **knee** 名ひざ **bend down on one knee** ひざまずく **sink to one's knees** がっくり膝をつく

- [ ] **knew** 動 know (知っている)の過去

- [ ] **knife** 名ナイフ, 小刀, 包丁, 短剣

- [ ] **knives** 名 knife (ナイフ)の複数

- [ ] **knock** 動ノックする, たたく, ぶつける 名打つこと, 戸をたたくこと[音]

- [ ] **know** 動①知っている, 知る, (〜が)わかる, 理解している ②知り合いである **know better (than ~)** (〜より)もっと分別がある **Who knows?** 誰にわかるだろうか。誰にもわからない。 **you know** ご存じのとおり, そうでしょう

- [ ] **knowledge** 名知識, 理解, 学問, (事実を)知ること

- [ ] **known** 動 know (知っている)の過去分詞 形知られた

L

- [ ] **lace** 名(靴・服などの)ひも 動(靴などを)ひもで締める, 締まる

- [ ] **lady** 名婦人, 夫人, 淑女, 奥さん

- [ ] **laid** 動 lay (置く)の過去, 過去分詞

- [ ] **lamp** 名ランプ, 灯火

- [ ] **land** 名①陸地, 土地 ②国, 領域 動上陸する, 着地する

- [ ] **large** 形①大きい, 広い ②大勢の, 多量の 副①大きく ②自慢して

- [ ] **last** 形①《the -》最後の ②この前の, 先〜 ③最新の **the last time ~** 《接続詞的に》この前〜したとき 副①最後に ②この前 名《the -》最後(のもの), 終わり **at last** ついに 動続く, 持ちこたえる

- [ ] **late** 形①遅い, 後期の ②最近の ③《the -》故〜 副①遅れて, 遅く ②最近まで, 以前

- [ ] **later** 形もっと遅い, もっと後の 副後で, 後ほど **later on** もっと後で, のちほど **sooner or later** 遅かれ早かれ

- [ ] **laugh** 動笑う 名笑い(声)

- [ ] **lay** 動①置く, 横たえる, 敷く ②整える ③卵を産む ④lie (横たわる)の過去 **lay off** レイオフする, 一時解雇する

- [ ] **learn** 動学ぶ, 習う, 教わる, 知識[経験]を得る

- [ ] **leave** 動①出発する, 去る ②残す ③(人を〜の)ままにしておく **leave ~ alone** 〜をひとり残していく, 〜をほうっておく 名休暇

Snow White and the Seven Dwarfs

- **left** 名《the-》左, 左側 形左の, 左側の 副左に, 左側に 動leave (出発する・残す)の過去, 過去分詞
- **less** 形〜より小さい[少ない] 副〜より少なく, 〜ほどでなく less and less 〜 だんだん少なく〜, ますます〜でなく no less than 〜 〜と同じだけの, 〜も同然 not less than 〜 〜以下ではなく, 〜にまさるとも劣らない 名より少ない数[量・額]
- **let** 動(人に〜)させる, (〜するのを)許す, (〜をある状態に)する let 〜 in 〜を中に入れる Let me see. えेと.
- **letter** 名①手紙 ②文字 ③文学, 文筆業
- **library** 名①図書館, 図書室, 書斎 ②蔵書
- **lie** 動①うそをつく ②横たわる, 寝る ③(ある状態に)ある, 存在する 名うそ, 詐欺
- **life** 名①生命, 生物 ②一生, 生涯, 人生 ③生活, 暮らし, 世の中 bring 〜 back to life 〜を生き返らせる come back to life 生き返る
- **lift** 動①持ち上げる, 上がる ②取り除く, 撤廃する 名①持ち上げること ②エレベーター, リフト
- **light** 名光, 明かり 動火をつける, 照らす, 明るくする 形①明るい ②(色が)薄い, 淡い ③軽い, 容易な 副軽く, 容易に
- **like** 動好む, 好きである would like 〜 〜がほしい would like to 〜 〜したいと思う Would you like 〜? 〜はいかがですか。 前〜に似ている, 〜のような feel like 〜 〜のように感じる, 〜がほしい look like 〜 〜のように見える, 〜に似ている 形似ている, 〜のような 接あたかも〜のように 名①好きなもの ②《the [one's]-》同じようなもの[人]
- **limp** 動①足を引きずって歩く ②のろのろ進む 名足を引きずって歩くこと 形①ぐにゃぐにゃした ②弱々しい

- **line** 名①線, 糸, 電話線 ②(字の)行 ③列, (電車の)〜線 ④(顔・首の)しわ 動①線を引く ②整列する
- **lip** 名唇, 《-s》口
- **listen** 動《-to 〜》〜を聞く, 〜に耳を傾ける
- **lit** 動light (火をつける)の過去, 過去分詞
- **little** 形①小さい, 幼い ②少しの, 短い ③ほとんど〜ない, 《a-》少しはある 名少し(しか), 少量 little by little 少しずつ 副全然〜ない, 《a-》少しはある
- **live** 動住む, 暮らす, 生きている 形①生きている, 生きた ②ライブの, 実況の 副生で, ライブで
- **lock** 名錠(前) 動錠を下ろす, 閉じ込める, 動けなくする lock 〜 in 〜を閉じ込める
- **lonely** 形①孤独な, 心さびしい ②ひっそりした, 人里離れた
- **long** 形①長い, 長期の ②《長さ・距離・時間などを示す語句を伴って》…の長さ[距離・時間]の 副長い間, ずっと no longer 〜 もはや〜でない[〜しない] not 〜 any longer もはや〜でない[〜しない] so [as] long as 〜 〜する限りは 名長い期間 before long 間もなく, やがて 動切望する, 思い焦がれる
- **look** 動①見る ②(〜に)見える, (〜の)顔つきをする ③注意する ④《間投詞のように》ほら, ねえ look after 〜 〜の世話をする, 〜に気をつける look down on 〜 〜を見下す look for 〜 〜を探す look on 傍観する, 眺める 名①一見, 目つき ②外観, 外見, 様子 ③《-s》容貌, 美貌
- **lose** 動①失う, 迷う, 忘れる ②負ける, 失敗する
- **lot** 名①くじ, 運 ②地所, 区画 ③たくさん, たいへん, 《a-of 〜, -s of 〜》たくさんの〜 ④やつ, 連中
- **loud** 形大声の, 騒がしい 副大声に[で]

Word List

- **love** 名①愛, 愛情, 思いやり ②愛する人, あなた《呼びかけ》 **fall in love with ～** ～に[と]恋に落ちる 動愛する, 恋する, 大好きである
- **lovely** 形愛らしい, 美しい, すばらしい
- **lover** 名①愛人, 恋人 ②愛好者
- **low** 形①低い, 弱い ②低級の, 劣等 副低く 名①低い水準[点] ②低速ギア
- **luck** 名運, 幸運, めぐり合わせ
- **lucky** 形幸運な, 運のよい, 縁起のよい
- **lumpy** 形①でこぼこの, 塊の多い ②鈍重な, ずんぐりした
- **lunch** 名昼食, ランチ, 軽食
- **lying** 動lie(うそをつく・横たわる)の現在分詞 形①うそをつく, 虚偽の ②横になっている 名①うそをつくこと, 虚言, 虚偽 ②横たわること

M

- **mad** 形①気の狂った ②逆上した, 理性をなくした ③ばかげた ④(～に)熱狂[熱中]して, 夢中の **go mad** 発狂する
- **made** 動make(作る)の過去, 過去分詞 形作った, 作られた
- **magic** 名①魔法, 手品 ②魔力 形魔法の, 魔力のある
- **make** 動①作る, 得る ②行う, (～に)なる ③(～を…に)する, (～を…)させる **make do with ～** ～で間に合わせる **make it** 到達する, 成功する **make it in time** 間に合う **make out ～** ～を作成する, 理解する **make up ～** ～を構成[形成]する **make up for ～** ～の埋め合わせをする
- **makeup** 名①化粧(品) ②構造, (人の)性質 **wear makeup** 化粧をする
- **man** 名男性, 人, 人類
- **many** 形多数の, たくさんの 代多数(の人)[物]
- **march** 名①行進 ②《M-》3月 動行進する[させる], 進展する
- **market** 名市場, マーケット, 取引, 需要 動市場に出す, 売る
- **marry** 動結婚する
- **matter** 名物, 事, 事件, 問題 **a matter of time** 時間の問題 **as a matter of course** 当然のこと **as a matter of fact** 実際は 動《主に疑問文・否定文で》重要である
- **may** 助①～かもしれない ②～してもよい, ～できる **May I ～?** ～してもよいですか。
- **maybe** 副たぶん, おそらく
- **me** 代私を[に]
- **meadow** 名牧草地, 草地
- **meat** 名①肉 ②要点, 内容
- **men** 名man(男性)の複数, 家来
- **middle** 名中間, 最中, まん中 形中間の, 中央の
- **milk** 名牛乳, ミルク 動乳をしぼる
- **mind** 名①心, 精神 ②知性 **make up one's mind** 決心する 動①気にする, いやがる ②気をつける, 用心する **Never mind.** 心配するな。
- **mirror** 名鏡 動映す
- **mix** 動①混ざる, 混ぜる ②(～を)一緒にする 名混合(物)
- **moment** 名①瞬間, ちょっとの間 ②(特定の)時, 時期 **at any moment** いつ何時, 今にも **at the moment** 今は **in a moment** ただちに
- **month** 名月, 1か月
- **more** 形①もっと多くの ②それ以上の, 余分の 副もっと, さらに多く, いっそう **more and more** ますます **more or less** 多少, 多かれ少なかれ **no more** もう～ない **no more than ～** たった～, ほんの～ **not any more** もう～ない **once**

SNOW WHITE AND THE SEVEN DWARFS

- **more** もう一度 **the more ~ , the more …** ～すればするほどますます… 代もっと多くの物[人]
- **morning** 名朝, 午前
- **most** 形①最も多い ②たいていの, 大部分の 代①大部分, ほとんど ②最多数, 最大限 **at (the) most** せいぜい, 多くても **make the most of ~** ～を最大限利用する 副最も(多く) **most of all** とりわけ, 中でも
- **mother** 名母, 母親
- **mountain** 名①山 ②《the ~ M-s》～山脈 ③山のようなもの, 多量
- **mouth** 名①口 ②言葉, 発言
- **move** 動①動く, 動かす ②感動させる ③引っ越す, 移動する 名①動き, 運動 ②転居, 移動
- **movement** 名①動き, 運動 ②《-s》行動 ③引っ越し ④変動
- **much** 形(量・程度が)多くの, 多量の **as much ~ as** …と同じだけの～ 副①とても, たいへん ②《比較級・最上級を修飾して》ずっと, はるかに 名多量, たくさん, 重要なもの **as much as ~** ～と同じだけ
- **must** 助①～しなければならない ②～に違いない 名絶対に必要なこと[もの]
- **my** 代私の
- **myself** 代私自身

N

- **name** 名①名前 ②名声 ③《-s》悪口 **by name** 名前で, 名前だけは **call ~ names** ～の悪口を言う 動①名前をつける ②名指しする **name after [for] ~** ～の名をとって命名する
- **near** 前～の近くに, ～のそばに 形近い, 親しい 副近くに, 親密で **come nearer and nearer** 次第に近づいてくる
- **nearly** 副①近くに, 親しく ②ほとんど, あやうく
- **neatly** 副きちんと, 巧妙に
- **needle** 名針, 針状のもの 動針で縫う, 突き通す
- **needlepoint** 名キャンバス地にした刺繍, 針編みレース
- **neighboring** 形近隣の, 隣接した
- **neither** 形どちらの～も…でない 代(2者のうち)どちらも～でない 副《否定文に続いて》～も…しない
- **never** 副決して[少しも]～ない, 一度も[二度と]～ない
- **new** 形①新しい, 新規の ②新鮮な, できたての **What's new?** お変わりありませんか
- **next** 形次の, 翌～ 隣の 副①次に ②隣に **next to ~** ～のすぐそばに, ～の隣の, ～の次に 代次の人[もの]
- **nice** 形すてきな, よい, きれいな, 親切な **Nice to meet you.** お会いできてうれしい.
- **nicely** 副①うまく, よく ②上手に, 親切に, 几帳面に
- **night** 名夜, 晩
- **no** 副①いいえ, いや ②少しも～ない 形～がない, 少しも～ない, ～どころでない, ～禁止 名否定, 拒否
- **nod** 動①うなずく, うなずいて～を示す ②居眠りする 名①うなずき ②居眠り
- **nor** 接～もまたない **neither ~ nor …** ～も…もない
- **not** 副～でない, ～しない **not (~) at all** まったく(～で)ない **not ~ but …** ～ではなくて… **not yet** まだ～してない
- **nothing** 代何も～ない[しない] **for nothing** ただで, 無料で, むだに **have nothing to do with ~** ～と何の関係もない **nothing but ~** ただ～だけ, ～にすぎない, ～のほかは何も…ない

Word List

- **now** 副 ①今(では), 現在 ②今すぐに ③では, さて **right now** 今すぐに, たった今 名 今, 現在 **by now** 今のところ **for now** 当分の間, 当面は **from now on** 今後 形 今の, 現在の 接 いまや～だから **now that** ～ ～だから

- **nowhere** 副 どこにも～ない

O

- **O** 間 おお～よ《呼びかけ》
- **O Lovely Queen** 美しいお后様《呼びかけ》
- **of** 前 ①《所有・所属・部分》～の, ～に属する ②《性質・特徴・材料》～の, ～製の ③《部分》～のうち ④《分離・除去》～から ⑤《主格関係》《it is A of B (to C)》《CするとはB はAだ
- **off** 副 ①離れて ②はずれて ③止まって ④休んで 形 ①離れた ②季節はずれの ③休みの 前 ①～を離れて, ～をはずれて, (値段が) ～引きの
- **offer** 動 申し出る, 申し込む, 提供する 名 提案, 提供
- **old** 形 ①年取った, 老いた ②～歳の ③古い, 昔の 名 昔, 老人
- **on** 前 ①《場所・接触》～(の上)に ②《日・時》～に, ～と同時に, ～のすぐ後で ③《関係・従事》～に関して, ～について, ～して 副 ①身につけて, 上に ②前へ, 続けて
- **once** 副 ①一度, 1回 ②かつて **once and for all** これっきり, きっぱりと **once in a while** たまに, 時々 **once upon a time** 昔々 名 一度, 1回 **all at once** 突然 **at once** すぐに, 同時に 接 いったん～すると
- **one** 名 1(の数字), 1人[個] **one by one** 1つずつ, 1人ずつ 形 ①1の, 1人[個]の ②ある～ ③《the－》唯一の 代 ①《一般の》人, ある物 ②一方, 片方 ③～なもの
- **only** 形 唯一の 副 ①単に, ～にすぎない, ただ～だけ ②やっと **if only** ～ ～でありさえすれば **not only** ～ **but (also)** … ～だけでなく…もまた 接 ただし, だがしかし

- **onto** 前 ～の上へ[に]
- **open** 形 ①開いた, 広々とした ②公開された 動 ①開く, 始まる ②広がる, 広げる ③打ち明ける
- **or** 接 ①～か…, または ②さもないと ③すなわち, 言い換えると
- **order** 名 ①順序 ②整理, 整頓 ③命令, 注文(品) **in order** きちんと(整理されて), 順序正しく **in order to** ～ ～するために, ～しようと 動 ①(～するよう)命じる, 注文する ②整頓する, 整理する
- **other** 形 ①ほかの, 異なった ②(2つのうち)もう一方の, (3つ以上のうち)残りの **every other** ～ 1つおきの～ **the other day** 先日 代 ①ほかの人[物] ②《the－》残りの1つ 副 そうでなく, 別に
- **our** 代 私たちの
- **out** 副 ①外へ[に], 不在で, 離れて ②世に出て ③消えて ④すっかり **out of** ～ ～の外に, ～から, (危険など)を脱して 形 ①外の, 遠く離れた, ②公表された 前 ～から外へ[に] 動 ①追い出す ②露見する ③(スポーツで)アウトにする
- **outshine** 動 より明るく輝く, ～より立派である
- **outside** 名 外部, 外側 形 外部の, 外側の 副 外へ, 外側に 前 ～の外に[で・の・と], ～の範囲を越えて
- **over** 前 ①～の上の[に], ～を一面に覆って ②～を越えて, ～以上に, ～よりまさって ③～の向こう側の[に] ④～の間 副 ①上に, 一面に, ずっと ②終わって, すんで **over and over (again)** 何度も繰り返して
- **own** 形 自身の 動 持っている, 所有する
- **owner** 名 持ち主, オーナー

P

- **pain** 名 ①痛み, 苦悩 ②《-s》骨折り, 苦労 動 苦痛を与える, 痛む
- **pair** 名 (2つから成る)一対, 一組, ペア 動 対になる[する]
- **pale** 形 ①(顔色・人が)青ざめた, 青白い ②(色が)薄い, (光が)薄暗い 動 ①青ざめる, 青ざめさせる ②淡くなる[する], 色あせる
- **part** 名 ①部分, 割合 ②役目 play a part 役目を果たす take part in ~ ~に参加する 動 分ける, 分かれる, 別れる
- **party** 名 ①パーティー, 会, 集まり ②派, 一行, 隊, 一味
- **pass** 動 ①過ぎる, 通る ②(年月が)たつ, (時を)過ごす ③(試験に)合格する ④手渡す pass away 亡くなる pass by そばを通り過ぎる, 経過する 名 ①通過 ②入場券, 通行許可 ③合格, パス
- **peace** 名 ①平和, 和解, 《the -》治安 ②平穏, 静けさ in peace 平和のうちに, 安心して
- **people** 名 ①(一般に)人々 ②民衆, 世界の人々, 国民, 民族 ③人間
- **pepper** 名 ①コショウ(胡椒) ②トウガラシ(唐辛子), ピーマン ③しんらつ, 短気, 酷評 動 ①コショウを振りかける ②(人に)浴びせかける
- **perfect** 形 ①完璧な, 完全な ②純然たる 動 完成する, 改良[改善]する
- **pick** 動 ①(花・果実などを)摘む, もぐ ②選ぶ, 精選する ③つつく, ついて穴をあける, ほじくり出す ④(~を)摘み取る pick out えり抜く, 選び出す pick up 拾い上げる, 車で迎えに行く, 習得する, 再開する, 回復する 名 ①《the -》精選したもの ②選択(権) ③つつくもの, つるはし
- **pie** 名 パイ
- **piece** 名 ①一片, 部分 ②1個, 1本 ③作品
- **pig** 名 ブタ(豚)
- **pillow** 名 まくら
- **pity** 名 哀れみ, 同情, 残念なこと take pity on ~ ~を哀れむ 動 気の毒に思う, 哀れむ
- **plan** 名 計画, 設計(図), 案 動 計画する
- **play** 動 ①遊ぶ, 競技する ②(楽器を)演奏する, (役を)演じる 名 遊び, 競技, 劇
- **please** 動 喜ばす, 満足させる 間 どうぞ, お願いします
- **plenty** 名 十分, たくさん, 豊富
- **point** 名 ①先, 先端 ②点 ③地点, 時点, 箇所 ④《the -》要点 come to the point 核心に触れる on the point of ~ [~ing] まさに~しようとして to the point 要領を得た 動 ①(~を)指す ②とがらせる point out 指摘する
- **poison** 名 ①毒, 毒薬 ②害になるもの 動 毒を盛る[塗る]
- **poor** 形 ①貧しい, 乏しい, 粗末な, 貧弱な ②劣った, へたな ③不幸な, 哀れな, 気の毒な
- **possible** 形 ①可能な ②ありうる, 起こりうる as ~ as possible できるだけ~ if possible できるなら
- **pot** 名 壺, (深い)なべ 動 壺に入れる, 鉢植えにする
- **potion** 名 (薬の)一服 a sleeping potion 眠り薬一服
- **power** 名 力, 能力, 才能, 勢力, 権力
- **powerful** 形 力強い, 実力のある, 影響力のある
- **prepare** 動 ①準備[用意]をする ②覚悟する[させる]
- **pretty** 形 ①かわいい, きれいな ②相当な 副 かなり, 相当, 非常に
- **prick** 動 刺す, 穴をあける
- **prince** 名 王子, プリンス
- **princess** 名 王女 princess or not 姫であろうとなかろうと
- **private** 形 ①私的な, 個人の ②民

Word List

間の ③内密の, 人里離れた

- □ **project** 名①計画, プロジェクト ②研究課題 動①投影する, 映写する ②計画[企画]する ③描く, 予測する, 見積もる
- □ **promise** 名①約束 ②有望 動①約束する ②見込みがある
- □ **protect** 動保護する, 防ぐ
- □ **pull** 動①引く, 引っ張る ②引きつける pull ~ away ~を引きはがす 名①引くこと ②縁故, こね
- □ **purple** 形紫色の 名紫色
- □ **push** 動①押す, 押し進む, 押し進める ②進む, 突き出る 名押し, 突進, 後援
- □ **put** 動①置く, のせる ②入れる, つける ③(ある状態に)する ④putの過去, 過去分詞 put aside わきに置く put away 片づける, 取っておく put off 延期する, 要求をそらす, 不快にさせる, やめさせる put on ~ ~を身につける put up with ~ ~を我慢する

Q

- □ **queen** 名女王, 王妃, 皇后
- □ **question** 名質問, 疑問, 問題 come into question 問題になる, 議論される in question 問題の, 論争中の 動①質問する ②調査する ③疑う
- □ **quickly** 副敏速に, 急いで
- □ **quiet** 形①静かな, 穏やかな, じっとした ②おとなしい, 無口な, 目立たない 名静寂, 平穏 動静まる, 静める
- □ **quietly** 副①静かに ②平穏に, 控えめに
- □ **quite** 副①まったく, すっかり, 完全に ②かなり, ずいぶん, ほとんど not quite まったく~だというわけではない quite [not] a few かなり多くの

R

- □ **rag** 名ぼろ切れ, 布きれ
- □ **ran** 動 run (走る) の過去
- □ **rare** 形①まれな, 珍しい, 逸品の ②希薄な ③(肉が)生焼けの, レアの
- □ **reach** 動①着く, 到着する, 届く ②手を伸ばして取る reach out 手を伸ばす, 手を差し出す 名①手を伸ばすこと, (手の)届く範囲
- □ **ready** 形用意[準備]ができた, まさに~しようとする, 今にも~せんばかりの 動用意[準備]する
- □ **real** 形実際の, 実在する, 本物の 副本当に
- □ **really** 副本当に, 実際に, 確かに
- □ **red** 形赤い 名赤, 赤色 get into red 赤字になる, 赤字を出す
- □ **red-hot** 形赤く焼けた
- □ **remember** 動思い出す, 覚えている, 忘れないでいる
- □ **reply** 動答える, 返事をする, 応答する 名答え, 返事, 応答
- □ **rest** 名①休息 ②安静 ③休止, 停止 ④《the -》残り 動①休む, 眠る ②休止する, 静止する ③(~に)基づいている ④(~の)ままである
- □ **return** 動帰る, 戻る, 返す 名①帰還, 返却 ②返答, 報告(書), 申告 by return 折り返し in return (for ~) (~の)お返しに, 往復の ②お返しの
- □ **ribbon** 名リボン(状のもの) 動リボンをつける
- □ **ride** 動乗る, 乗って行く, 馬に乗る 名乗ること
- □ **right** 形①正しい ②適切な, ぴったりの ③健全な ④右(側)の 副①まっすぐに, すぐに ②右(側)に ③ちょうど, 正確に right away すぐに right now 今すぐに, たった今 名①正しいこと ②権利 ③《the -》右, ライト ④《the R-》右翼
- □ **ring** 名①輪, 円形, 指輪 ②競技場,

Snow White and the Seven Dwarfs

- **rode** 動 ride（乗る）の過去
- **room** 名 ①部屋 ②空間, 余地
- **rose** 名 ①バラ（の花）②バラ色 形 バラ色の 動 rise（昇る）の過去
- **rosy** 形 バラのような, バラ色の,（顔色が健康的に）赤い
- **rough** 形 ①（手触りが）粗い ②荒々しい, 未加工の
- **row** 名 ①（横に並んだ）列 ②舟をこぐこと ③論争, 騒ぎ **in a row** 1列に, 連続して 動 ①1列に並べる ②（舟を）こぐ ③騒ぐ
- **royal** 形 王の, 女王の, 国立の
- **ruin** 名 破滅, 滅亡, 破産, 廃墟 動 破滅させる, 台なしにする
- **run** 動 ①走る ②運行する ③（川が）流れる ④経営する **run away** 逃げる 名 ①走ること, 競走 ②連続, 続き ③得点

S

- **sad** 形 ①悲しい, 悲しげな ②惨めな, 不運な
- **sadly** 副 悲しそうに, 不幸にも
- **safe** 形 ①安全な, 危険のない ②用心深い, 慎重な 名 金庫
- **said** 動 say（言う）の過去, 過去分詞
- **salt** 名 ①塩, 食塩 ②刺激, 機知 形 ①塩の, 塩からい ②つらい, 苦しい, 痛烈な 動 塩を振りかける, 塩漬けにする
- **same** 形 ①同じ, 同様の ②前述の **the same ~ as [that]** …と同じ（ような）~ 代《the -》同一の人[物] 副《the -》同様に
- **sang** 動 sing（歌う）の過去
- **sank** 動 sink（沈む）の過去
- **sat** 動 sit（座る）の過去, 過去分詞
- **save** 動 ①救う, 守る ②とっておく, 節約する
- **saw** 動 ①see（見る）の過去 ②のこぎりで切る, のこぎりを使う 名 のこぎり
- **say** 動 言う, 口に出す **that is to say** すなわち **They say ~** ~ということだ **to say nothing of ~** ~は言うまでもなく **What do you say to ~?** ～はいかがですか 名 言うこと, 言い分 間 さあ, まあ
- **scene** 名 ①光景, 風景 ②（劇の）場, 一幕 ③（事件の）現場
- **scissors** 名 はさみ
- **season** 名 ①季, 季節 ②盛り, 好機 動 味をつける
- **second** 名 ①第2（の人[物]）②（時間の）秒, 瞬時 形 第2の, 2番の 副 第2に 動 後援する, 支持する
- **secret** 名 ①秘密の, 隠れた ②神秘の, 不思議な 名 秘密, 神秘
- **see** 動 ①見る, 見える, 見物する ②（~と）わかる, 認識する, 経験する ③会う ④考える, 確かめる, 調べる ⑤気をつける **I see.** わかりました。**Let me see.** ええと。**see ~ as …** ~を…と考える **See you (later).** ではまた。**you see** あのね, いいですか
- **seen** 動 see（見る）の過去分詞
- **sell** 動 売る, 売っている, 売れる **sell out** 売り切る, 裏切る
- **send** 動 ①送る, 届ける ②手紙を出す ③（人を~に）行かせる ④《－＋人[物など]＋~ing》~を（ある状態に）する **send ~ away** ~を追い払う, ~に暇を出す **send for ~** ~を呼びにやる
- **sense** 名 ①感覚, 感じ ②《-s》意識, 正気, 本性 ③常識, 分別, センス ④意味 **in a sense** ある意味では **make sense** 意味をなす, よくわかる 動 感じる, 気づく
- **sent** 動 send（送る）の過去, 過去分詞
- **servant** 名 ①召使, 使用人, しもべ

WORD LIST

②公務員，(公共事業の)従業員

- **set** 動①置く，当てる，つける ②整える，設定する ③(太陽・月などが)沈む ④(〜を…の状態に)する，させる ⑤setの過去，過去分詞 **set down** 〜 〜を下に置く **set off** 出発する，発射する **set to** 〜 〜に着手する **set up** 立てる，(テントを)張る，創設する，(商売などを〜として)始める 形①決められた，固定した ②断固とした ③準備のできた 名①一そろい，セット ②受信機 ③(テニスなどの)セット ④舞台装置，セット

- **seven** 名7(の数字), 7人[個] 形7の, 7人[個]の

- **seven-year** 形7年の

- **seventh** 名第7番目(の人・物), 7日 形第7番目の

- **sew** 動縫い物をする，縫い付ける

- **shall** 助〜するでしょう，〜でしょう **Shall I 〜?** (私が)〜しましょうか。**Shall we 〜?** (一緒に)〜しましょうか。

- **share** 名①分け前，分担 ②株 動分配する，共有する

- **she** 代彼女は[が]

- **shock** 名衝撃，ショック 動ショックを与える

- **shoe** 名《-s》靴 動(馬に)てい鉄をうつ

- **shook** 動shake(震える・震わせる)の過去

- **short** 形①短い ②背の低い ③不足している **be short of** 〜 〜が足りない 副①手短に，簡単に ②不足して **run short** 不足する，切らす 名①《the –》要点 ②短編映画 ③(野球で)ショート **for short** 略して **in short** 要約すると

- **shot** 動shoot(撃つ)の過去，過去分詞 名①発砲，銃撃 ②弾丸

- **should** 助〜すべきである，〜したほうがよい

- **shoulder** 名肩 **lift 〜 onto one's shoulder** 〜を肩にかつぎ上げる 動肩にかつぐ，肩で押し分けて進む

- **shout** 動叫ぶ，大声で言う，どなりつける 名叫び，大声，悲鳴

- **show** 動①見せる，示す，見える ②明らかにする，教える ③案内する **show off** 見せびらかす，目立とうとする **show up** 顔を出す，現れる 名①表示，見世物，ショー ②外見，様子

- **shut** 動①閉まる，閉める，閉じる ②たたむ ③閉じ込める

- **side** 名側，横，そば，斜面，側面 **side by side** 並んで 形①側面の，横の ②副次的な 動(〜の)側につく，賛成する

- **sight** 名①見ること，視力，視界 ②光景，眺め ③見解 **at first sight** ひと目で **at the sight of** 〜 〜を見るとすぐに **catch sight of** 〜 〜を見つける，〜を見かける **in sight** 視野に入って **lose sight of** 〜 〜を見失う **out of sight** 見えなくなって，法外な

- **since** 接①〜以来 ②〜だから 前〜以来 副それ以来 **ever since** それ以来ずっと **long since** ずっと以前に

- **sing** 動①(歌を)歌う ②さえずる

- **sir** 名①あなた，先生《目上の男性，客などに対する呼びかけ》②拝啓《手紙の書き出し》

- **sit** 動①座る，腰掛ける ②止まる ③位置する **sit up** 起き直る，〜を起こして座らせる **sitting room** 居間

- **sixth** 名第6番目(の人・物), 6日 形第6番目の

- **size** 名寸法，サイズ 動(大きさに従って)分類する，測る

- **skin** 名皮膚，皮，革(製品) 動皮をはぐ，すりむく

- **sky-blue** 形空色の，水色の

- **sleep** 動①眠る，寝る ②活動しない **Sleeping Death** 永遠の眠り 名①睡眠，冬眠 ②静止，不活動

SNOW WHITE AND THE SEVEN DWARFS

- **slept** 動 sleep (眠る)の過去, 過去分詞
- **slowly** 副 遅く, ゆっくり
- **small** 形 ①小さい, 少ない ②取るに足りない 副 小さく, 細かく
- **smell** 動 ①(〜の)においがする ②においをかぐ ③かぎつける, 感づく 名 ①嗅覚 ②におい, 香り
- **smile** 動 微笑する, にっこり笑う 名 微笑, ほほえみ
- **snow** 名 雪 動 雪が降る
- **Snow White** 白雪姫
- **snowy** 形 雪の多い, 雪のように白い
- **so** 副 ①とても ②同様に, 〜もまた ③《先行する句・節の代用》そのように, そう **and so** だから それとも **not so 〜 as** … …ほど〜でない **〜 or so** 〜かそこら, 〜くらい **so as to 〜** 〜するように, 〜するために **so 〜 as to** … …するほど〜で **so that** … 〜するために, それゆえに〜 **so 〜 that** … あまり〜なので…だ 接 ①だから, それで ②では, さて **So what?** それがどうした。どうでもいいではないか。
- **soft** 形 ①柔らかい, 手ざわり[口あたり]のよい ②温和な, 落ち着いた ③(処分などが)厳しくない, 手ぬるい, 甘い
- **some** 形 ①いくつかの, 多少の ②ある, 誰か, 何か **some time** いつか, そのうち 副 約, およそ 代 ①いくつか ②ある人[物]たち
- **somehow** 副 ①どうにかこうにか, ともかく ②どういうわけか
- **someone** 代 ある人, 誰か
- **something** 代 ①ある物, 何か ②いくぶん, 多少
- **song** 名 歌, 詩歌, 鳴き声
- **soon** 副 まもなく, すぐに, すみやかに **as soon as 〜** 〜するとすぐ **sooner or later** 遅かれ早かれ
- **sorry** 形 気の毒に[申し訳なく]思う, 残念な

- **sound** 名 音, 騒音, 響き, サウンド 動 ①音がする, 鳴る ②(〜のように)思われる, (〜と)聞こえる 形 ①健全な ②妥当な ③(睡眠が)ぐっすりの 副 (睡眠を)ぐっすりと, 十分に
- **soup** 名 スープ
- **sparkle** 動 きらめく, 輝く 名 ひらめき, 活気
- **speak** 動 話す, 言う, 演説する **so to speak** いわば
- **special** 形 ①特別の, 特殊の, 臨時の ②専門の
- **spend** 動 ①(金などを)使う, 消費[浪費]する ②(時を)過ごす
- **spent** 動 spend (使う)の過去, 過去分詞 形 使い果たした, 疲れ切った
- **spoke** 動 speak (話す)の過去
- **spoon** 名 スプーン 動 スプーンですくう
- **spread** 動 ①広がる, 広げる, 伸びる, 伸ばす ②塗る, まく, 散布する 名 広がり, 拡大
- **stairway** 名 階段
- **stand** 動 ①立つ, 立たせる, 立っている, ある ②耐える, 立ち向かう **stand by** そばに立つ, 傍観する, 待機する **stand for 〜** 〜を表す, 〜を支持する, 〜を我慢する **stand on end** (毛が)逆立つ **stand out** 突き出る, 目立つ **stand tall** 堂々と立つ, 自信を持って立ち向かう 名 ①台, 屋台, スタンド ②《the -s》観覧席 ③立つこと
- **start** 動 ①出発する, 始まる, 始める ②生じる, 生じさせる 名 出発, 開始
- **stay** 動 ①とどまる, 泊まる, 滞在する ②持続する, (〜の)ままでいる **stay away (from 〜)** (〜から)離れている, (〜を)留守にする **stay behind** 居残る, 留守番をする **stay on** 居残る, とどまる, (電灯などが)ついたままである **stay up** 起きている, 夜更かしする 名 滞在
- **step** 名 ①歩み, 1歩(の距離) ②段

- 階 ③踏み段,階段 **step by step** 一歩一歩,着実に 動歩む,踏む
- □ **stepdaughter** 名継娘
- □ **stepmother** 名義母,継母
- □ **still** 副①まだ,今でも ②それでも(なお) 形静止した,静かな
- □ **stone** 名①石,小石 ②宝石 形石の,石製の
- □ **stood** 動 stand(立つ)の過去,過去分詞
- □ **stop** 動①やめる,やめさせる,止める,止まる ②立ち止まる ③打ち負かす **stop by**(途中で)立ち寄る **stop ~ from ...** ~が…するのを妨げる[やめさせる] **stop over** 途中下車する **stop still** ぴたっと止まる 名①停止 ②停留所,駅
- □ **story** 名①物語,話 ②(建物の)階
- □ **straight** 形①一直線の,まっすぐな,直立[垂直]の ②率直な,整然とした 副①一直線に,まっすぐに,垂直に ②率直に 名一直線,ストレート
- □ **strange** 形①知らない,見[聞き]慣れない ②奇妙な,変わった **strange to say** 不思議な話だが
- □ **stranger** 名①見知らぬ人,他人 ②不案内[不慣れ]な人
- □ **study** 動①勉強する,研究する ②調べる ③勉強,研究 ②書斎
- □ **sudden** 形突然の,急な
- □ **suddenly** 副突然,急に
- □ **suit** 名①スーツ,背広 ②訴訟 ③ひとそろい,一組 動①適合する[させる],(物が人の)気に入る,ぴったり合う ②似合う
- □ **summer** 名夏
- □ **sun** 名《the -》太陽,日
- □ **sunshine** 名①日光 ②輝き
- □ **sure** 形確かな,確実な,《be - to ~》必ず[きっと]~する,確信して **for sure** 確かに **make sure** 確かめる,手配する,確実にする **to be sure** 確かに,なるほど 副確かに,まったく,本当に

- □ **surely** 副確かに,きっと
- □ **surprise** 動驚かす,不意に襲う 名驚き,不意打ち,思いがけない贈り物 **to one's surprise** ~が驚いたことに
- □ **sweet** 形①甘い ②快い ③親切な 名①《-s》甘い菓子 ②甘い味[香り],甘いもの

T

- □ **table** 名①テーブル,食卓,台 ②一覧表 動卓上に置く,棚上げにする
- □ **tablecloth** 名テーブルクロス
- □ **take** 動①取る,持つ ②持って[連れて]いく,捕らえる ③乗る ④(時間・労力を)費やす,必要とする ⑤(ある動作を)する ⑥飲む ⑦耐える,受け入れる **take after** ~ ~に似る **take away** ~ ~を取り上げる,~を連れ去る **take off** 脱ぐ,離陸する,出発する **take out** 取り出す,連れ出す,持って帰る **take up** 取り上げる,拾い上げる,やり始める,(時間・場所を)とる 名①取得 ②捕獲
- □ **talk** 動話す,語る,相談する **talk back** 口答えする 名①話,おしゃべり ②演説 ③《the -》話題
- □ **tall** 形高い,背の高い
- □ **taste** 名①味,風味 ②好み,趣味 動味がする,味わう
- □ **tear** 名①涙 ②裂け目 動裂く,破る,引き離す **tear at one's hair** 髪をかきむしる
- □ **terrible** 形恐ろしい,ひどい,ものすごい,つらい
- □ **terribly** 副ひどく
- □ **than** 接~よりも,~以上に
- □ **thank** 動感謝する,礼を言う 名《-s》感謝,謝意 **thanks to ~** ~のおかげで
- □ **that** 形その,あの 代①それ,あれ,その[あの]人[物] ②《関係代名詞》

Snow White and the Seven Dwarfs

〜である… that is (to say) すなわち That's it. それだけのことだ。 接〜ということ, 〜なので, 〜だから 副そんなに, それほど

- **the** 冠①その, あの ②《形容詞の前で》〜な人 《- + 比較級, - + 比較級》〜すればするほど…

- **their** 代彼(女)らの, それらの

- **them** 代彼(女)らを[に], それらを[に]

- **then** 副①その時(に・は), それから, 次に ②それなら, その場合には (every) now and then 時折, 時々 名その時 形その当時の

- **there** 副①そこに[で・の], そこへ, あそこへ 《- is [are] 〜》〜がある[いる] 名そこ

- **these** 代これら, これ 形これらの, この

- **they** 代①彼(女)らは[が], それらは[が] ②(一般の)人々は[が]

- **thick** 形厚い, 密集した, 濃厚な 副厚く, 濃く 名最も厚い[強い・濃い]部分

- **thin** 形薄い, 細い, やせた, まばらな 副薄く 動薄く[細く]なる, 薄くする

- **thing** 名①物, 事 ②《-s》事情, 事柄 ③《one's -s》持ち物, 身の回り品 ④人, やつ

- **think** 動思う, 考える

- **third** 名第3(の人[物]) 形第3の, 3番の

- **this** 形①この, こちらの, これを ②今の, 現在の 代①これ, この人[物] ②今, ここ

- **those** 形それらの, あれらの in those days その当時 代それら[あれら]の人[物]

- **thought** 動think (思う)の過去, 過去分詞 名考え, 意見

- **thread** 名糸, 糸のように細いもの 動糸を通す

- **threaten** 動脅かす, おびやかす, 脅迫する

- **three** 名3(の数字), 3人[個] 形3の, 3人[個]の

- **threw** 動throw (パーティーなどを開く)の過去

- **throne** 名王座, 王権

- **through** 前〜を通して, 〜中を[に], 〜中 副①通して ②終わりまで, まったく, すっかり

- **thus** 副①このように ②これだけ ③かくて, だから

- **tie** 動結ぶ, 束縛する tie up ひもで縛る, つなぐ, 拘束する, 提携させる 名①結び(目) ②ネクタイ ③《-s》縁, きずな

- **tight** 形堅い, きつい, ぴんと張った 副堅く, しっかりと

- **tightly** 副きつく, しっかり, 堅く

- **time** 名①時, 時間, 歳月 ②時期 ③期間 ④時代 ⑤回, 倍 all the time ずっと, いつも at a time 一度に, 続けざまに (at) any time いつでも at one time かつては at times 時折 behind time 遅刻して for a time しばらく for the time being 今のところは from time to time 時々 have a good time 楽しい時を過ごす in time 間に合って, やがて it has been a long time ひさしぶりである on time 時間通りに Time is up. もう時間だ。 動時刻を決める, 時間を計る

- **tiny** 形ちっぽけな, とても小さい

- **tired** 形疲れた, うんざりした

- **to** 前①《方向・変化》〜へ, 〜に, 〜の方へ ②《程度・時間》〜まで ③《適合・付加・所属》〜に ④《- + 動詞の原形》〜するために[の], 〜する, 〜すること

- **today** 名今日 副今日(で)は

- **together** 副①一緒に, ともに ②同時に

- **told** 動tell (話す)の過去, 過去分詞

- **tonight** 名今夜, 今晩 副今夜は

WORD LIST

- **too** 副 ①~も(また) ②あまりに~すぎる, とても~

- **took** 動 take (取る)の過去

- **top** 名 ①頂上, 首位 ②こま 形 いちばん上の 動 ①頂上を覆う ②首位を占める ③(~より)優れる

- **tore** 動 tear (裂く)の過去

- **touch** 動 ①触れる, さわる, ~を触れさせる ②接触する ③感動させる 名 ①接触, 手ざわり ②手法 in touch (with ~) (~と)連絡を取って

- **toward** 前 ①《運動の方向・位置》~の方へ, ~に向かって ②《目的》~のために

- **trade** 名 取引, 貿易, 商業 動 取引する, 貿易する, 商売する

- **trap** 名 わな, 策略 trap door (床・屋根などの)はね上げ戸, 落とし戸 動 わなを仕掛ける, わなで捕らえる

- **travel** 動 ①旅行する ②進む, 移動する[させる], 伝わる 名 旅行, 運行

- **tree** 名 ①木, 樹木, 木製のもの ②系図

- **trick** 名 ①策略 ②いたずら, 冗談 ③手品, 錯覚 動 だます《 - … into ~ ing》…をだまして~させる

- **trip** 名 ①(短い)旅行, 遠征, 遠足, 出張 ②幻覚体験, トリップ 動 つまずく, しくじる

- **true** 形 ①本当の, 本物の, 真の ②誠実な, 確かな come true 実現する

- **trust** 動 信用[信頼]する, 委託する 名 信用, 信頼, 委託

- **truth** 名 ①真理, 事実, 本当 ②誠実, 忠実さ to tell the truth 実は, 実を言えば

- **try** 動 ①やってみる, 試みる ②努力する, 努める 名 試み, 試し

- **turn** 動 ①ひっくり返す, 回転する[させる], 曲がる, 曲げる, 向かう, 向ける ②(~に)なる, (~に)変える turn around 回転する, 振り返る turn away 向こうへ行く, 追い払う, (顔を)そむける turn down 裏返す, (音量などを)小さくする, 弱くする, 拒絶する turn off (スイッチなどを)ひねって止める, 消す turn on (スイッチなどを)ひねってつける, 出す turn out (~であることが)判明する, (明かりを)消す, 追い出す, (結局~に)なる, 裏返しになる turn over ひっくり返る[返す], (ページを)めくる, 思いめぐらす, 引き渡す 名 ①回転, 曲がり ②順番 ③変化, 転換 by turns 交替に in turn 順番に take turns 交代で(~)する

- **twisted** 形 ①らせん状の ②ねじ曲がった, 歪んだ

- **two** 名 2(の数字), 2人[個] 形 2の, 2人[個]の

U

- **under** 前 ①《位置》~の下[に] ②《状態》~で, ~を受けて, ~のもと ③《数量》~以下[未満]の, ~より下の 形 下の, 下部の 副 下に[で], 従属[服従]して

- **understood** 動 understand (理解する)の過去, 過去分詞

- **until** 前 ~まで(ずっと) 接 ~の時まで, ~するまで

- **up** 副 ①上へ, 上がって, 北へ ②立って, 近づいて ③向上して, 増して be up to ~ ~する力がある, ~しようとしている, ~の責任[義務]である up and down 上がったり下がったり, 行ったり来たり, あちこちと up to ~ (最高)~まで 前 ①~の上(の方)へ, 高い方へ ②(道)に沿って 形 上向きの, 上りの 名 上昇, 向上, 値上がり

- **upon** 前 ①《場所・接触》~(の上)に ②《日・時》~に ③《関係・従事》~に関して, ~について, ~して 副 前へ, 続けて

- **upstairs** 副 2階へ[に], 階上へ 形 2階の, 階上の 名 2階, 階上

- □ **us** 代 私たちを[に]
- □ **use** 動 ①使う, 用いる ②費やす 名 使用, 用途 **be of use** 役に立つ **have no use for ~** ~には用がない, ~に我慢できない **in use** 使用されて **it is no use ~ing** ～してもむだだ **make use of** ～ ～を利用[使用]する **of no use** 使われないで
- □ **usual** 形 通常の, いつもの, 平常の, 普通の **as usual** いつものように, 相変わらず

V

- □ **valley** 名 谷, 谷間
- □ **vanity** 名 虚栄心, うぬぼれ, 空虚, むなしさ
- □ **vegetable** 名 野菜, 青物 形 野菜の, 植物(性)の
- □ **very** 副 とても, 非常に, まったく 形 本当の, きわめて, まさにその
- □ **village** 名 村, 村落
- □ **visit** 動 訪問する 名 訪問
- □ **voice** 名 ①声, 音声 ②意見, 発言権 動 声に出す, 言い表す

W

- □ **wait** 動 ①待つ, 《-for ~》~を待つ ②延ばす, 遅らせる ③《-on [upon] ~》~に仕える, 給仕をする
- □ **wake** 動 ①目がさめる, 起きる, 起こす ②奮起する
- □ **walk** 動 歩く, 歩かせる, 散歩する 名 歩くこと, 散歩
- □ **wall** 名 ①壁, 塀 ②障壁 動 壁[塀]で囲む, ふさぐ
- □ **want** 動 ほしい, 望む, ~したい, ~してほしい 名 欠乏, 不足
- □ **was** 動 《beの第1・第3人称単数現在am, isの過去》~であった, (~に)いた[あった]
- □ **wash** 動 ①洗う, 洗濯する ②押し流す[される] **wash out** 洗い落とす, 押し流す, (試合などを)中止させる, 落第させる **wash up** 手(や顔)を洗う, 皿洗いをする, (波が)打ち上げる 名 洗うこと, 洗濯 **do the wash** 洗濯をする
- □ **washerwoman** 名 (女性の)洗濯屋
- □ **watch** 動 ①じっと見る, 見物する ②注意[用心]する, 監視する **watch out** 警戒[監視]する **watch over ~** ~を見守る 名 ①警戒, 見張り ②腕時計
- □ **water** 名 ①水 ②(川・湖・海などの)多量の水 動 ①水を飲ませる, (植物に)水をやる ②よだれ[涙・鼻水など]を出す
- □ **way** 名 ①道, 通り道 ②方向, 距離 ③方法, 手段 ④習慣 **all the way** ずっと, はるばる, いろいろと **by the way** ところで, 途中で **by way of ~** ~を通って, ~経由で **give way** 道を譲る, 譲歩する, 負ける **in no way** 決して~でない **in the [one's] way** (~の)じゃまになって **make one's way** 進む, 行く, 成功する **make way** 道を譲る[あける] **No way!** とんでもない。 **on the [one's] way (to ~)** (~への)途中で **under way** 進行中で
- □ **we** 代 私たちは[が]
- □ **wear** 動 ①着ている ②疲れる, 消耗する, すり切れる 名 ①着用 ②衣類
- □ **wedding** 動 wed (結婚させる)の現在分詞 名 結婚式, 婚礼
- □ **week** 名 週, 1週間
- □ **well** 副 ①うまく, 上手に ②十分に, よく, かなり **as well** なお, その上, 同様に **~ as well as …** …と同様に~も **may well ~** ~するのももっともだ, 多分~だろう **Well done!** よくできた。 間 へえ, まあ, ええと 形 健康な, 適当な, 申し分ない **get well** (病気が)よくなる 名 井戸

Word List

- **went** 動 go (行く) の過去
- **were** 動《be の2人称単数・複数の過去》〜であった, (〜に) いた [あった]
- **what** 代 ①何が [を・に] ②《関係代名詞》〜するところのもの [こと] **What (〜) for?** 何のために, なぜ **What's up?** 何があったのですか。やあ, どうですか。 形 ①何の, どんな ②なんと ③〜するだけの 副 いかに, どれほど
- **when** 副 ①いつ ②《関係副詞》〜するところの, 〜するとその時, 〜するとき 接 〜の時, 〜する時 代 いつ
- **where** 副 ①どこに [で] ②《関係副詞》〜するところ, そしてそこで, 〜するところ 接 〜なところに [へ], 〜するところに [へ] 代 ①どこ, どの点 ②〜するところの
- **which** 形 ①どちらの, どの, どれでも ②どんな〜でも, そしてこの 代 ①どちら, どれ, どの人 [物] ②《関係代名詞》〜するところの
- **while** 接 ①〜の間 (に), 〜する間 (に) ②一方, 〜なのに 名 しばらくの間, 一定の時 **for a while** しばらくの間
- **white** 形 ①白い, (顔色などが) 青ざめた ②白人の 名 白, 白色
- **who** 代 ①誰が [は], どの人 ②《関係代名詞》〜するところの (人)
- **whole** 形 全体の, すべての, 完全な, 満〜, 丸〜 名《the – 》全体, 全部 **as a whole** 全体として **on the whole** 全体として見ると
- **whose** 代 ①誰の ②《関係代名詞》(〜の)…するところの
- **why** 副 ①なぜ, どうして ②《関係副詞》〜するところの (理由) **Why don't you 〜?** 〜しませんか。 **Why not?** どうしてだめなのですか。いいですとも。 間 ①おや, まあ ②もちろん, なんだって ③ええと
- **wicked** 形 悪い, 不道徳な
- **wide** 形 幅の広い, 広範囲の 副 広く, 大きく開いて
- **wife** 名 妻, 夫人
- **wild** 形 ①野生の ②荒涼として ③荒っぽい ④奇抜な
- **will** 助 〜だろう, 〜しよう, する (つもりだ) **Will you 〜?** 〜してくれませんか。 名 決意, 意図
- **win** 動 勝つ, 獲得する, 達する 名 勝利, 成功
- **window** 名 窓, 窓ガラス
- **winter** 名 冬 動 冬を過ごす
- **wish** 動 望む, 願う, (〜であればよいと) 思う 名 (心からの) 願い
- **witch** 名 魔法使い, 魔女
- **with** 前 ①《同伴・付随・所属》〜と一緒に, 〜を身につけて, 〜とともに ②《様態》〜(の状態) で, 〜して ③《手段・道具》〜で, 〜を使って
- **without** 前 〜なしで, 〜がなく, 〜しないで **not [never] … without 〜ing** 〜せずには…しない, 〜すれば必ず…する
- **woke** 動 wake (目が覚める) の過去
- **woman** 名 (成人した) 女性, 婦人
- **women** 名 woman (女性) の複数
- **won't** will not の短縮形
- **wonderful** 形 驚くべき, すばらしい, すてきな
- **wood** 名 ①《-s》森, 林 ②木材, まき **wood carving** 木彫り, 木彫装飾
- **wooden** 形 木製の, 木でできた
- **woodworker** 名 木工屋, 木彫師
- **word** 名 ①語, 単語 ②ひと言 ③《one's – 》約束 **in other words** 言い換えれば **too 〜 for words** あまりに〜で言葉も出ない
- **wore** 動 wear (着ている) の過去
- **work** 動 ①働く, 勉強する, 取り組む ②機能 [作用] する, うまくいく **work on 〜** 〜で働く, 〜に取り組む, 〜を説得する, 〜に効く **work out**

算出する, (問題を)解く, 理解する, (合計が〜に)なる, 〜の結果になる, 体を鍛える 图①仕事, 勉強 ②職 ③作品 **at work** 働いて, 仕事中で, (機械が)稼動中で **out of work** 失業して

- □ **world** 图《the-》世界, 〜界
- □ **worry** 動悩む, 悩ませる, 心配する[させる] 图苦労, 心配
- □ **would** 助《willの過去》①〜するだろう, 〜するつもりだ ②〜したものだ **would like 〜** 〜がほしい **would like to 〜** 〜したいと思う **Would you 〜?** 〜してくださいませんか。**Would you like 〜?** 〜はいかがですか。
- □ **wrong** 形①間違った, (道徳上)悪い ②調子が悪い, 故障した **something is wrong with 〜** 〜はどこか具合が悪い **What's wrong?** どうしたの？ 副間違って **go wrong** 失敗する, 道を踏みはずす, 調子が悪くなる 图不正, 悪事
- □ **wrote** 動write (書く)の過去

Y

- □ **yard** 图①庭, 構内, 仕事場 ②ヤード《長さの単位。約91cm》
- □ **year** 图①年, 1年 ②学年, 年度 ③〜歳 **for years** 何年も
- □ **yes** 副はい, そうです 图肯定の言葉[返事]
- □ **yet** 副①《否定文で》まだ〜(ない[しない]) ②《疑問文で》もう ③《肯定文で》まだ, 今もなお **and yet** それなのに, それにもかかわらず 接それにもかかわらず, しかし, けれども
- □ **you** 代①あなた(方)は[が], あなた(方)を[に] ②(一般に)人は
- □ **young** 形若い, 幼い, 青年の
- □ **your** 代あなた(方)の

ラダーシリーズ
Snow White and the Seven Dwarfs
白雪姫と七人の小人

2007年3月22日　第1刷発行
2016年5月14日　第4刷発行

著　者　ザンティ・スミス・セラフィン

発行者　浦　晋亮

発行所　IBCパブリッシング株式会社
　　　　〒162-0804　東京都新宿区中里町29番3号
　　　　菱秀神楽坂ビル9F
　　　　Tel. 03-3513-4511　Fax. 03-3513-4512
　　　　www.ibcpub.co.jp

© Xanthe Smith Serafin 2007
© IBC Publishing, Inc. 2007

印刷　株式会社シナノパブリッシングプレス
装丁　伊藤 理恵
カバーイラスト　Alexander Zick　本文イラスト　春ゑ
編集協力　Jonathan Lloyd-Owen
組版データ　Berkeley Oldstyle Medium + ITC Isadora Regular

落丁本・乱丁本は、小社宛にお送りください。送料小社負担にてお取り替えいたします。本書の無断複写(コピー)は著作権法上での例外を除き禁じられています。

Printed in Japan
ISBN 978-4-89684-418-4